LA VERDAD SOBRE

el perdón

John MacArthur

GRUPO NELSON
Una división de Thomas Nelson Publishers
Desde 1798

NASHVILLE   DALLAS   MÉXICO DF.   RÍO DE JANEIRO

Algunas secciones fueron compiladas de materiales publicados
anteriormente en *Difícil de creer* (Nashville: Grupo Nelson, 2004); *El
Jesús que no puedes ignorar* (Nashville: Grupo Nelson, 2010); y
Memorias de dos hijos (Nashville: Grupo Nelson, 2008).

Editora en Jefe: *Graciela Lelli*
Traducción: *Ammi Publishers International*
Adaptación del diseño al español: *Grupo Nivel Uno, Inc.*

ISBN: 978-1-60255-817-5

Impreso en Estados Unidos de América

12 13 14 15 16 QG 9 8 7 6 5 4 3 2 1

CONTENIDO

CONTENIDO

CAPÍTULO 1

NECESITAMOS SER PERDONADOS

LAS MALAS NOTICIAS

Millares de bebes nacen cada día en un mundo lleno de malas noticias. El término *malas noticias* se ha convertido en un expresión común y corriente para describir nuestra época.

¿Por qué hay tantas malas noticias? Simple. La mala noticia que ocurre a mayor escala es solamente la multiplicación de lo que está ocurriendo en el ámbito individual. El poder que fabrica malas noticias es el pecado.

LA PEOR NOTICIA

Una respuesta contemporánea común a estas malas noticias es negarlas o tratar de explicarlas. Quizá la manera más prevaleciente de librarse de la culpa es clasificando a cada falla humana como una especie de enfermedad. Los borrachos y los adictos a las drogas pueden averiguar por clínicas para el tratamiento de sus «dependencias químicas». Los niños que habitualmente desafían la autoridad pueden librarse de condenación siendo designados como «hiperactivos» o teniendo el TDA (trastorno por déficit de atención). Los glotones no son ya censurables; sufren de un «desorden en la alimentación». Aun el hombre que lanza a la basura el sustento de su familia pagando prostitutas se supone que sea objeto de comprensión compasiva; es un «adicto al sexo».

Un agente del FBI fue despedido después de que malversara dos mil dólares en una sola tarde en un casino. Después entabló una demanda sosteniendo que su adicción al juego era una incapacidad, por lo que su despido era un acto de discriminación ilegal. ¡Ganó el caso! Además, su terapia para la adicción al juego tuvo que ser financiada por el seguro para el cuidado médico de su empleador, tal como si él hubiera estado padeciendo de apendicitis o de una uña encarnada.[1]

En estos días, cada cosa equivocada de la humanidad es probable que sea explicada como una enfermedad. Lo que solíamos llamar pecado se diagnostica ahora con más facilidad como un conjunto imponente de incapacidades. Toda clase de inmoralidades y malas conductas se identifican como síntomas de esta o de aquella enfermedad psicológica. El comportamiento delictivo, diversas pasiones perversas y cada adicción imaginable se han vuelto excusables por la cruzada que los cataloga como aflicciones médicas. Hasta los problemas comunes, tales como la debilidad emocional, la depresión y la ansiedad están también casi universalmente definidas como aflicciones cuasi médicas en vez de aflicciones espirituales.

La Asociación Psiquiátrica Americana publica un grueso libro para ayudar a los terapeutas en el diagnóstico de estas nuevas enfermedades. El Manual de Desórdenes Mentales (*The Diagnostic and Statistical Manual of Mental Disorders*, Tercera edición, revisada), enumera los siguientes «trastornos»:

- *Trastorno de conducta*: «un patrón persistente de conducta en el que se violan los derechos fundamentales de los demás y de las principales normas o reglas sociales apropiadas para su edad».
- *Trastorno de oposición desafiante*: «un patrón de comportamiento negativista, hostil y desafiante».
- *Trastorno de personalidad histriónica*: «un patrón general de excesiva emotividad y búsqueda de atención».
- *Trastorno de personalidad antisocial*: «un patrón de comportamiento irresponsable y antisocial desde la infancia o el comienzo de la adolescencia y que continúa en la edad adulta».

Y hay docenas más como estos. Muchos padres, influidos por tales diagnósticos, se niegan a disciplinar a sus hijos por su mala conducta. En lugar de eso, buscan terapia para tal o cual trastorno u otro nuevo diagnóstico que se ajuste al comportamiento del niño indisciplinado.

En las palabras de un autor, el enfoque de llamar enfermedad a los problemas del comportamiento humano nos ha agobiado tanto como sociedad que nos hemos vuelto locos. Queremos aprobar leyes para eludir a los jugadores compulsivos cuando desfalcan dinero para jugar y obligar a las compañías de seguros a pagar por su tratamiento. Queremos tratar a las personas que no pueden encontrar amor y que en su lugar (cuando se trata de mujeres) van tras hombres superficiales y tontos o (cuando se trata de hombres) persiguen un sinfín de relaciones sexuales sin encontrar la verdadera felicidad. Y queremos llamar a todas estas cosas y muchas, muchas más, adicciones.

¿Qué es lo que pretende lograr esta industria de la nueva adicción? Cada vez se descubren más adicciones y se identifica a nuevos adictos, hasta que todos quedemos enmarcados dentro de nuestros propios pequeños mundos adictivos junto a otros adictos como nosotros, definidos por los intereses especiales de nuestras neurosis. ¡Qué mundo tan repugnante de imaginar, así como un mundo desesperado! Mientras que las adicciones que definimos van en aumento.[2]

El número de personas que padecen de tales recién identificadas «enfermedades» aumenta de forma vertiginosa. Está claro que la industria de la terapia no está solucionando el problema de lo que las Escrituras llaman pecado. En lugar de esto, se dedica a convencer a las multitudes que están desesperadamente enfermas y, por consiguiente, no son realmente responsables por su comportamiento equivocado. Les da permiso para creer que son pacientes y no malhechores. Y los alienta a experimentar tratamientos extensos y costosos que duran por años e incluso toda la vida. Parece que estas nuevas enfermedades son dolencias de las que nadie espera recuperarse completamente.

El modelo de pecado como enfermedad ha resultado en un extraordinario incremento de millones de millones de dólares para la industria del asesoramiento y el desplazamiento hacia la terapia a largo plazo o aun permanente promete un futuro económico brillante para los terapeutas profesionales. Un psicólogo que ha analizado esta tendencia indica que hay una estrategia evidente en la forma en que los terapeutas mercadean sus servicios:

1. Continúan la psicologización de la vida;
2. Crean problemas de las dificultades y dan la voz de alarma;
3. Hacen del tener el problema algo aceptable y les convencen de su incapacidad de resolverlo por ellos mismos;
4. Ofrecen salvación [psicológica, no espiritual].[3]

El psicólogo citado dice que muchos terapeutas extienden a propósito sus tratamientos por períodos de largos años, aun después de que el problema original que provocó que el cliente buscara ayuda ha sido solucionado u olvidado. «Siguen por tanto tiempo y el cliente se pone tan dependiente del terapeuta que para conseguir que aquel esté en condición de finalizar el tratamiento se necesita un período especial de tiempo, a veces seis meses o más».[4]

Hasta los problemas comunes de cada día como la debilidad emocional, la depresión y la ansiedad se definen casi universalmente como de tipo cuasi médico, en vez de como aflicciones espirituales.

Recuperación, la palabra clave de programas que siguen el modelo de Alcohólicos Anónimos, es explícitamente comercializada como un programa para toda la vida. Nos hemos acostumbrado a la imagen de una persona que ha estado sobria por cuarenta años pararse en una reunión de Alcohólicos Anónimos y decir: «Soy Juan y soy alcohólico». Ahora todos los «adictos» están usando el mismo enfoque, incluso los adictos al sexo, a los juegos de azar, a la nicotina, a la ira excesiva, los adictos a golpear a la esposa, a atacar sexualmente a los niños, a endeudarse, los adictos a abusar de ellos mismos, a la envidia, al fracaso, los adictos a comer demasiado, y cualquier otra cosa. Las personas afectadas de tales males son adiestradas para hablar de sí mismas como «recuperándose» o nunca «recuperadas». Las que se atreven a pensar de sí mismas como liberadas de su aflicción se les dice que están viviendo en la negación.

LA PRESCRIPCIÓN EQUIVOCADA

Por lo tanto, la terapia que toma la enfermedad como modelo se alimenta del mismo problema que se supone que trata. Alivia cualquier cargo de conciencia, mientras hace que las personas sientan que son víctimas, sin poder hacer nada en la vida para cambiar la aflicción que experimentan. ¡No es de extrañar que tal diagnóstico tan a menudo se convierta en una profecía autocumplida!

Diagnóstico erróneo quiere decir que cualquier tratamiento prescrito será completamente ineficaz. La atención indicada para las condiciones patológicas por lo general implica una terapia de largo tiempo, la aceptación de sí mismo, un programa de recuperación, o todo lo anteriormente citado, quizá aun con algún otro truco psicológico como la autohipnosis añadida para completar el elixir. «La maldad, la sociedad terapéutica la ha substituido por "enfermedad". En el lugar de la consecuencia, insta a la terapia y a la comprensión. En el lugar de la responsabilidad, aboga a favor de una personalidad movida por impulsos. La excusa de la enfermedad se ha convertido casi en una rutina en los casos de mala conducta».[5]

Pero supongamos por un momento que el problema es el pecado en lugar de la enfermedad. El único remedio verdadero implica arrepentimiento humilde, confesión (el reconocimiento que se merece el castigo de Dios porque solo usted es responsable de su pecado), luego viene la restitución, y el crecimiento mediante las disciplinas espirituales de la oración, el estudio de la Biblia, la comunión con Dios, la comunión con otros creyentes y la dependencia de Cristo. En otras palabras, si el problema es de hecho espiritual, etiquetarlo como un asunto clínico solo exacerbará el problema y no ofrecerá verdadera liberación del pecado. Esto es precisamente lo que vemos que ocurre en todas partes.

La triste verdad es que el tratamiento de la enfermedad como modelo es desastrosamente contraproducente. Ya que pone al pecador en el papel de víctima, e ignora o minimiza la culpa personal inherente a la mala conducta. Es mucho más fácil decir: «Estoy enfermo», que decir: «He pecado». Sin embargo, no lidiar con el hecho de la transgresión personal es una grave ofensa contra un Dios santo, omnisciente y omnipotente.

Por esta misma razón, cuando se trata de nuestro pecado, es la culpabilidad personal el asunto que debe ser confrontado. Pero el remedio de la enfermedad como modelo no puede resolver el problema de culpa de esta manera. Y al tratar de explicar la culpa, la terapia de la enfermedad como modelo hace una violencia inaudita a la conciencia humana. Por consiguiente, este no es ningún remedio en absoluto, sino una prescripción desastrosa para un aumento de la maldad y para la condenación eterna.

Se podría pensar que el hacerse la víctima y la terapia de la enfermedad como modelo son tan obviamente contrarios a la verdad bíblica que los cristianos que creen en la Biblia deberían levantarse en masa y exponer el error de esta manera de pensar. Lamentablemente, no ha sido así. Gracias a la teología de autoestima y a la fascinación de la iglesia con la psicología mundana, el hacerse la víctima se ha convertido en algo casi tan influyente dentro de la iglesia evangélica como lo es en el mundo incrédulo.

En estos días, cuando los pecadores buscan la ayuda de las iglesias y otras agencias cristianas, es probable que se les diga que su problema es algún trastorno emocional o un síndrome psicológico. Puede que se les anime a perdonarse a sí mismos y se les diga que deberían tener más amor propio y más autoestima. Tienen muy poca probabilidad de escuchar que deben arrepentirse y buscar, en humildad, el perdón de Dios en Cristo. Este es un cambio tan extraordinario de dirección para la iglesia que incluso los observadores seculares lo han notado.

Por ejemplo, Wendy Kaminer no pretende ser una cristiana. Más bien parece hostil hacia la iglesia. Se describe a sí misma como «escéptica, humanista secular, judía, feminista y abogada intelectual».[6] Pero ella ha visto el cambio de dirección dentro de evangelicalismo, y lo describe con precisión increíble. Señala que la religión y la psicología se han considerado casi siempre incompatibles entre sí. Que ahora ve «no simplemente una tregua, sino una acomodación notable».[7] Incluso desde su perspectiva como no creyente, puede ver que esta acomodación ha significado una alteración a gran escala del mensaje fundamental acerca del pecado y la salvación. Esto dice ella:

> Los libros cristianos acerca de la codependencia, tales como los producidos por la clínica Minirth-Meier en Texas, son prácticamente indistinguibles de los libros acerca de la codependencia publicados por escritores seculares . . . Los escritores religiosos justifican su confianza en la psicología alabándola por «poner al día» algunas verdades eternas, pero también han encontrado la manera de hacer agradables las verdades temporales de la psicología. Los líderes religiosos que una vez condenaron el psicoanálisis por su neutralidad moral . . . Ahora la literatura religiosa popular iguala la enfermedad con el pecado.[8]

Algunas de las críticas de Kaminer contra los evangélicos son injustificadas o equivocadas, pero en este sentido, ella da en el blanco: El resultado inevitable de aceptar la psicología secular por los cristianos ha sido el abandono de todo concepto coherente del pecado. Y esto inevitablemente ha hecho indistinguible el mensaje que proclamamos.

Al describir el espíritu predominante de nuestra era, Kaminer escribió: «No importa lo malo que usted haya sido durante la narcisista década de los setenta y la codiciosa década de los ochenta, no importa cuántas drogas haya usado o cuántos actos sexuales haya consumado, o de cuánta corrupción haya disfrutado, usted es todavía esencialmente inocente: El niño divino dentro de usted está siempre libre de ser afectado por lo peor de sus pecados».[9]

Y en otro lugar, dice:

> El niño que todos llevamos dentro es siempre bueno, inocente y puro, como los personajes más sentimentales de Dickens, lo cual quiere decir que las personas son esencialmente buenas . . . Aun Ted Bundy tenía un niño dentro. La maldad es meramente una máscara, una disfunción.
>
> El punto de vista terapéutico de la maldad como enfermedad, no como pecado, es fuerte en la teoría de la codependencia, no en la teología del fuego y el azufre. En *Codependent No More*, Melody Beattie dice que los niños «avergonzados», a los que se les califica de malos, son la principal forma de abuso. Tanto la culpa como la vergüenza «no son útiles como estilo de vida». «La culpabilidad hace *todo* más difícil . . . Tenemos que perdonarnos a nosotros mismos» afirma ([Nueva York: Harper & Row, 1989], pp. 114–115 [*Ya no seas*

codependiente {México: Promexa/Patria, 1991}]).
Alguien debería recordarle a Beattie que hay un nombre para las personas que carecen de culpa y vergüenza: Sociópatas. Debemos estar agradecidos si la culpa hace que las cosas como el homicidio y la corrupción moral «sean más difíciles».[10]

Kaminer sugiere que el evangelicalismo ha sido infiltrado por esta nueva teología-psicología-antropología, y que es la antítesis de lo que debemos creer y enseñar acerca del pecado. En tal sentido, con toda seguridad, ella entiende mejor que la horda de escritores evangélicos que continúan haciéndose eco de los temas del culto a la autoestima secular.

Este es un asunto serio. Ya sea que el pecado se niegue de forma abierta o secretamente y por implicación, cualquiera manipulación del concepto bíblico del pecado que se haga provoca un caos en la fe cristiana.

Esos programas de consejería que recomiendan la participación del público con llamadas telefónicas a la radio cristiana pueden ofrecer uno de los mejores barómetros para medir las tendencias populares entre los cristianos. ¿Cuándo fue la última vez que escuchó a uno de esos consejeros decirle a alguien que sufre en su conciencia: «Su culpabilidad es válida. Usted es pecador y debe buscar el arrepentimiento completo ante Dios»?

Recientemente escuché un programa de entrevistas en una estación de radio local religiosa. Este programa lo ofrece a diario alguien que se anuncia como psicólogo cristiano. El día que lo escuché hablaba de la importancia de superar nuestro sentimiento de culpa. El cargo de conciencia, le dijo a su audiencia, por lo general es irracional y por consiguiente, potencialmente muy dañino. Y dio una larga conferencia acerca de la importancia de perdonarse a sí mismo. Todo el discurso fue un eco de la sabiduría del mundo: La culpa es casi un defecto mental. No deje que le arruine su autoimagen. Y otras cosas por el estilo. Nunca mencionó el arrepentimiento o la restitución como requisitos previos para perdonarnos a nosotros mismos, y nunca se refirió ni a un solo pasaje de las Escrituras.

Esta clase de consejo es tan mortífero como contrario a la Biblia. Los sentimientos de culpa no siempre son racionales, pero casi siempre son una señal confiable de que algo anda mal en alguna parte, y deberíamos enfrentarlos y hacer lo correcto. La función de la culpa en el ámbito espiritual es semejante al dolor en el reino material. El dolor nos dice que hay un problema físico que se debe tratar o el cuerpo sufrirá daño. La culpa es un dolor espiritual en el alma que nos dice que algo está mal y necesita ser enfrentado y limpiado.

Negar la culpa personal es sacrificar el alma por el bien del ego. Además, el rechazo en realidad no se ocupa de la culpa, como todos lo sabemos intuitivamente. Lejos de tener resultados beneficiosos, destruye la conciencia y, por consiguiente, debilita la capacidad de una persona para evitar el pecado destructivo. Por otra parte, en verdad hace totalmente inalcanzable una autoimagen adecuada. «¿Cómo podemos tener autorespeto si no somos responsables de lo que somos?».[11] Más importante aún: ¿Cómo podemos tener verdadero respeto de nosotros mismos sin aprobación sincera de una conciencia saludable?

Desde una perspectiva *bíblica*, esa clase de consejo puede ser espiritualmente destructivo. No aborda el verdadero problema del pecado humano. Alimenta las peores tendencias de la naturaleza humana. Engendra la forma más catastrófica de negación; la negación de nuestra propia culpabilidad. Y aún más, en realidad no puede desprenderse de la culpa, lo que añade más sentimiento de culpa por imputar a alguien que no es culpable en lo absoluto.

Desconocer nuestra culpabilidad personal nunca nos librará del sentimiento de culpa. Por el contrario, los que se niegan a reconocer su pecado en realidad se colocan bajo la esclavitud de su culpa. «El que encubre sus pecados no prosperará; mas el que los confiesa y se aparta alcanzará misericordia» (Proverbios 28.13). «Si decimos que no tenemos pecado, nos engañamos a nosotros mismos, y la verdad no está en nosotros. [Pero] si confesamos nuestros pecados, él es fiel y justo para perdonar nuestros pecados, y limpiarnos de toda maldad» (1 Juan 1.8–9).

¡Jesucristo vino al mundo para salvar a los pecadores! Jesús específicamente dijo que no había venido a salvar a los que quieren exonerarse a sí mismos de pecado (Marcos 2.17). Donde no hay reconocimiento del pecado y la culpa, cuando la conciencia ha sido silenciada, no puede haber salvación ni santificación y, por consiguiente, ninguna emancipación real del cruento poder del pecado.

LA BUENA NOTICIA

Con tantas malas noticias, ¿puede haber alguna buena noticia? ¡Sí! La buena noticia es que el problema del pecado puede resolverse. No es necesario ser un aprovechado. La culpa y la ansiedad se pueden mitigar. Hay sentido para la vida y esperanza de vida después de la muerte. El apóstol Pablo en Romanos 1.1 dice que las buenas nuevas es el evangelio. Es las buenas nuevas de que puede ser perdonado el pecado del hombre, puede quitarse la culpa, puede tener sentido la vida y una esperanza futura puede ser una realidad.

No podemos expiar nuestro propio pecado

El Antiguo Testamento no sugiere ni una vez que los pecadores podrían expiar sus pecados (ni total ni parcialmente) haciendo buenas obras o realizando complicados rituales. En realidad, la imagen dominante de expiación en el Antiguo Testamento es la de un sustituto inocente cuya sangre era derramada en favor del pecador. El derramamiento de la sangre del sustituto era quizás el aspecto más importante de expiación por el pecado: «Sin derramamiento de sangre no se hace remisión» (Hebreos 9.22). En el Día de la Expiación, la sangre de la ofrenda del pecado se rociaba deliberadamente sobre todo en las inmediaciones del altar. El sacerdote rociaba «con la sangre el tabernáculo y todos los vasos del ministerio. Y casi todo es purificado, según la ley, con sangre» (vv. 21–22), incluidos los fieles.

Esto no sugiere que la sangre tuviera en sí misma alguna propiedad mágica, mística o metafísica que lavara literalmente la corrupción del pecado. Pero el propósito de este ritual de sangre era sencillo: en todas partes la sangre formaba una ilustración vívida e intencionalmente horrible, de la aterradora realidad de que la paga del pecado es muerte. «Porque la vida de la carne en la sangre está, y yo os la he dado para hacer expiación sobre el altar por vuestras almas» (Levítico 17.11).

Entonces, por definición, ningún pecador puede alguna vez expiar por completo su propio pecado, y por eso la Biblia resalta con tanta frecuencia la necesidad de un sustituto.

Necesitamos un sustituto

Por ejemplo, cuando a Abraham se le ordenó que sacrificara en un altar a su hijo Isaac, Dios mismo suplió un sustituto en forma de un carnero para ser sacrificado en lugar de Isaac. El sustituto en la Pascua era un cordero sin mancha. El elemento principal del sistema expiatorio bajo la Ley de Moisés era la ofrenda encendida, que podía ser un becerro, un cordero, un macho cabrío, una tórtola o un palomino (dependiendo de las capacidades económicas de los fieles). Y una vez al año, en el Día de la Expiación, el sumo sacerdote sacrificaba un becerro y un macho cabrío, junto con una ofrenda encendida adicional, como símbolo de expiación, un sustituto que sufría por los pecados de todo el pueblo.

Debería ser obvio para todos que «la sangre de los toros y de los machos cabríos no puede quitar los pecados» (Hebreos 10.4; cp. Miqueas 6.6–8). Por eso, los sacrificios rituales se debían repetir a diario. Todos los que alguna vez creyeron seriamente en el sistema expiatorio y compararon el verdadero costo del pecado, a la larga debieron enfrentar esta verdad: los sacrificios de animales sencillamente no pueden proporcionar una expiación total y definitiva del pecado. Era necesario hacer algo más para tener expiación completa.

Básicamente había dos respuestas posibles al dilema. Un enfoque era adoptar un sistema de merecimientos como la religión de los fariseos, en la que el pecador mismo intentaba adornar o completar la importancia expiatoria de los sacrificios de animales con varias capas más de buenas obras. Esta parece ser en el caso de los fariseos la mismísima razón de que crearan su larga lista de exigentes normas y reglamentaciones que sobrepasaban por mucho lo que en realidad exigía la Ley. Ellos sabían muy bien que no era posible la simple obediencia perfecta a la Ley y, por tanto, no se podía tener méritos suficientes para expiar el pecado. Por eso, complementaron artificialmente lo que la Ley requería, creyendo que sus obras extras les permitirían ganar mérito adicional. El resultado inevitable fue un sistema que estimulaba las más descaradas formas de falsedad mientras disminuía el papel adecuado de la verdadera fe.

El otro enfoque fue el seguido por todo individuo verdaderamente fiel desde el principio de los tiempos hasta la venida de Cristo. Ellos reconocían su propia incapacidad de expiar, se aferraban a las promesas de Dios de perdón, y confiaban en que enviaría un Redentor que habría de proveer una expiación completa y definitiva (Isaías 59.20). Desde el día en que Adán y Eva comieron del fruto prohibido y trajeron maldición al ser humano, los creyentes fieles buscaron al vástago prometido de la mujer que finalmente aplastaría la cabeza de la serpiente y, por tanto, quitaría para siempre el pecado y la culpa (Génesis 3.15). A pesar de algunas insinuaciones muy fuertes (entre ellas Daniel 9.24 e Isaías 53.10), la forma verdadera por la cual se lograría finalmente la redención permaneció envuelta en misterio, hasta que el mismo Jesús la explicó después de su resurrección a unos discípulos en el camino a Emaús (Lucas 24.27).

CAPÍTULO 2

SOLO DIOS PUEDE PERDONAR EL PECADO

En Lucas 5.17–26 encontramos la historia de Jesús sanando al paralítico que había sido bajado ante Él por sus amigos a través del techo.

LOS FARISEOS

Cuando Lucas menciona por primera vez a los «fariseos y maestros de la ley», ellos están observando a Jesús desde las barreras. Han llegado a Capernaum no como parte de la multitud normal que busca beneficiarse del ministerio de Jesús, sino como observadores críticos, buscando razones para condenarlo y, de ser posible, bloquearlo antes de que se hiciera más popular. No hay duda que esto lo habían planeado con anticipación porque: «Aconteció un día, que él estaba enseñando, y estaban sentados los fariseos y doctores de la ley, los cuales habían venido de todas las aldeas de Galilea, y de Judea y Jerusalén» (5.17).

Jesús estaba en Capernaum, en una casa. Marcos parece sugerir que era la casa donde Jesús mismo vivía (2.1). Como era usual, la presión de las multitudes era agobiante, y Jesús estaba predicando desde dentro de la casa a tantas personas como pudieron reunirse a su alrededor. Marcos describe la escena: «E inmediatamente se juntaron muchos, de manera que ya no cabían ni aun a la puerta; y les predicaba la palabra» (2.2). Lucas añade: «y el poder del Señor estaba con él para sanar» (5.17).

Aquí hay un patrón que observaremos en casi todas las confrontaciones entre Jesús y los fariseos: de un modo u otro, la deidad de Él está siempre en el núcleo del conflicto. Es como si Él deliberadamente los provocara con afirmaciones, frases o actos a los que sabe que pondrán objeciones, y entonces usa el conflicto resultante para demostrar que toda la autoridad que afirmaba tener ciertamente le pertenece.

En esta ocasión, el asunto en juego era el perdón de pecados. Recordemos que durante varias semanas, Jesús había estado realizando sanidades públicas por toda Galilea. Era evidente su capacidad para sanar cualquier enfermedad o liberar a los oprimidos espiritualmente de cualquier tipo de atadura demoníaca. Demonios y enfermedades por igual huían ante su palabra, a veces hasta ante su sola presencia. «Y dondequiera que entraba, en aldeas, ciudades o campos, ponían en las calles a los que estaban enfermos, y le rogaban que les dejase tocar siquiera el borde de su manto; y todos los que le tocaban quedaban sanos» (Marcos 6.56). En las propias palabras de Jesús, esto era la prueba de todas sus afirmaciones y la confirmación de toda su enseñanza: «Los ciegos ven, los cojos andan, los leprosos son limpiados, los sordos oyen, los muertos son resucitados, y a los pobres es anunciado el evangelio» (Lucas 7.22).

En este día en particular, sin embargo, se presentó a Jesús un caso difícil: una trágica e incurable aflicción tan debilitante que el hombre enfermo tuvo que ser llevado en una camilla por cuatro. La multitud estaba tan concentrada y tan cerca de Jesús para poder oír, que habría sido casi imposible que un hombre sano pudiera abrirse paso y acercarse a Jesús, y mucho menos cuatro hombres llevando a un parapléjico en una camilla.

Ahí había un hombre que necesitaba sanidad tan desesperadamente que otros cuatro, quizá amigos, vecinos o posiblemente familiares, se habían tomado todas esas molestias para llevarlo hasta Capernaum a fin de buscar ayuda de este sanador del que todos habían oído. Pero cuando llegaron allí, no había esperanza de ni siquiera ver a Jesús, porque las multitudes espiritualmente moribundas en esencia le tenían entre barricadas en la casa, desde la cual apenas se podía oír su voz enseñando.

Bien puede ser que el perdón fuera precisamente el tema del que Él enseñaba. El asunto estaba, sin duda, en el aire. Inmediatamente antes de esto, después de enseñar desde la barca de Pedro, Jesús le había dicho a Pedro que se fuera a lo profundo y lanzara sus redes (Lucas 5.4). Para cualquier pescador, esa estrategia parecería una necedad. Los peces se pescaban mejor por la noche, en aguas no profundas, mientras comían. Pedro había estado toda la noche pescando y no había obtenido nada (v. 5). Durante las horas del día, los peces migraban a aguas mucho más profundas y frías, donde normalmente sería imposible llegar hasta ellos con redes.

Pedro dijo: «Mas en tu palabra echaré la red» (v. 5). Cuando la cantidad de peces era tan grande que las redes comenzaban a romperse, Pedro entendió que estaba en la presencia de poder divino; y lo primero de lo que se dio cuenta fue del peso de su propia culpabilidad: «Viendo esto Simón Pedro, cayó de rodillas ante Jesús, diciendo: Apártate de mí, Señor, porque soy hombre pecador» (v. 8).

El perdón era también uno de los temas favoritos de Jesús. Fue clave en su Sermón del Monte, uno de los enfoques del Padrenuestro y el asunto que desarrolló al final de esa oración (Mateo 6.14–15). Es, además, el tema central que domina todo el capítulo 5 de Lucas. Si el perdón no era precisamente el tema del que Jesús estaba predicando aquel día, estaba a punto de convertirse en el tema central de su palabra.

Imaginemos a los fariseos, sentados en algún lugar en la periferia, observando y escuchando para conseguir cosas que criticar, cuando esos cuatro hombres que llevaban la camilla llegaron a la escena.

EL HOMBRE

Si lo que querían era ver a Jesús en acción, aquellos fariseos habían llegado el día correcto. Allí estaba un hombre desesperadamente paralizado a quien otros cuatro amigos habían llevado desde cierta distancia, y cuyo viaje, si había comenzado en otra aldea no podría haber sido algo fácil. Y cuando llegaron, debieron haber visto al instante que no tenían esperanza alguna de acercarse a Jesús mediante ningún método convencional. Aun si esperaban hasta que Jesús se fuera de la casa, la multitud era demasiado grande y estaba demasiado electrizada para hacer espacio y permitir que cinco hombres entraran y llegaran hasta el centro de la vasta multitud que rodeaba a Jesús.

El hecho de que el hombre fuese llevado en una camilla en lugar de sentado en algún tipo de carro sugiere que probablemente era cuadripléjico, con todos sus miembros totalmente paralizados, quizá como resultado de alguna lesión en su cuello. Él era una clásica lección objetiva acerca de la condición humana caída. Era incapaz de moverse; apoyado totalmente sobre la misericordia y la bondad de otras personas, completamente impotente para hacer ninguna cosa por sí mismo.

Era una enfermedad que requeriría un verdadero y obvio milagro para sanarse. No era como las enfermedades invisibles (dolor de espalda, migrañas y dolores de estómago) que con frecuencia vemos «curadas» por personas que afirman poseer dones de sanidad. Sus músculos estarían atrofiados por la falta de uso. Si Jesús podía sanarle, sería instantáneamente obvio para todos que había tenido lugar un verdadero milagro.

La desesperación del hombre y de sus cuatro amigos puede medirse por lo que hicieron cuando se dieron cuenta de que no serían capaces de acercarse a Jesús. Subieron al tejado. Para que cuatro hombres ascendieran con una camilla, debió de haber habido una escalera exterior que condujera a una terraza o pasaje. Aun con eso, sería un ascenso difícil. Pero aquella era, evidentemente, una casa grande, con un típico patio en la parte superior de estilo mediterráneo contiguo a una parte del tejado. Eso les proporcionó a los cuatro hombres exactamente la oportunidad que necesitaban. Llevaron al hombre al piso superior, y comenzaron a quitar las tejas de esa parte del tejado.

¡Qué entrada tan dramática tiene que haber sido! Sin duda, la multitud quedó estupefacta cuando el tejado comenzó a abrirse. El agujero en el tejado tenía que ser lo bastante grande para el hombre y la camilla, lo cual probablemente significó que tuvieron que quitar con cuidado no solo las tejas exteriores sino también parte del enrejado inferior que sostenía las tejas. Un tejado no era una cubierta barata o temporal, y sencillamente no hay modo de abrir un agujero en un tejado como ese sin que caigan muchos escombros y polvo a las personas que están debajo. Normalmente esperaríamos que tanto la multitud como el dueño de casa se molestaran por el acto de aquellos hombres. Pero a ojos de Jesús, aquello era una clara evidencia de una tremenda fe.

Los tres Evangelios sinópticos registran este incidente, y los tres dicen que Jesús vio «la fe de ellos» (Lucas 5.20; Mateo 9.2; Marcos 2.5). Fe, desde luego, reflejada en su persistencia y determinación. Después de todo el trabajo que habían hecho para hacer descender a su amigo a los pies de Jesús, era obvio para todos lo que ellos estaban esperando: habían llevado al hombre para que recibiera sanidad física. Cualquiera que pensara en ello, podría ver que se requería cierto grado de fe en la capacidad sanadora de Jesús para hacer todo ese trabajo.

Pero el texto sugiere que Jesús vio algo aún más profundo. Debido a que Él es Dios encarnado, también podía ver los corazones, percibir sus motivos y hasta conocer sus pensamientos. Así había visto el corazón de Nicodemo, y discernido la fe a medias de aquellos primeros admiradores de su ministerio en Jerusalén en quienes no confiaba (Juan 2.23–25).

Lo que vio cuando aquellos hombres bajaron a su amigo desde el techo fue una fe verdadera: fe de arrepentimiento. Ninguno de los relatos de los Evangelios sugiere que ni el hombre paralítico ni sus amigos dijeran palabra alguna. No hubo testimonio verbal del hombre acerca de su arrepentimiento. No hubo declaración de contrición. No hubo confesión de pecado. No hubo afirmación de fe en Dios. No hubo clamor verbal pidiendo misericordia. No necesitaba haberlo; Jesús podía ver el corazón y la mente del hombre. Él sabía que el Espíritu Santo había hecho una obra en el corazón del hombre paralítico. El hombre había llegado a Jesús con un espíritu quebrantado y contrito; quería estar en paz con Dios. Ni siquiera necesitó decir eso; Jesús lo sabía porque, como Dios, Él conoce todos los corazones.

EL MILAGRO

Ahí había una oportunidad para que Jesús mostrara su deidad. Todos podían ver la aflicción del hombre; solo Jesús podía ver su *fe*. Sin ningún comentario ni del paralítico que estaba a los pies de Jesús ni de los cuatro hombres que miraban por el agujero en el tejado, Jesús se volvió hacia el paralítico y dijo: «Hombre, tus pecados te son perdonados» (Lucas 5.20).

Con esas palabras, Jesús le perdonó y le justificó plenamente. Los pecados del hombre fueron borrados de su cuenta, eliminados de los libros divinos. Sobre su propia autoridad personal, Jesús al instante absolvió a aquel hombre para siempre de toda la culpabilidad de todos sus pecados.

LA REACCIÓN

Con esa afirmación, Jesús dio a los escribas y fariseos exactamente lo que estaban buscando: una oportunidad para acusarle. Y no nos equivoquemos: las palabras de Jesús al paralítico tienen que haber sido profundamente desconcertantes para la religión de los fariseos. En primer lugar, si Él no era Dios encarnado, sin duda sería el colmo mismo de la blasfemia que pretendiese tener autoridad para perdonar pecados. En segundo lugar, la religión de los fariseos estaba fuertemente orientada hacia las obras; por tanto, según su punto de vista, el perdón *había que ganárselo*. Era impensable para ellos que el perdón pudiera otorgarse inmediata e incondicionalmente solo por la fe.

Según Mateo, algunos de los escribas que estaban allí reaccionaron de inmediato (9.3). Pero curiosamente, en esta ocasión no se levantaron y gritaron una protesta verbal. Todavía era demasiado temprano en el ministerio de Jesús, y ellos constituían una minoría lo bastante pequeña junto a esa multitud en la propia comunidad de Jesús, así que su reacción inicial parece sorprendentemente suave. Si su sorpresa se mostró de algún modo, fue solamente en sus rostros.

Lucas dice que «comenzaron a cavilar, diciendo: ¿Quién es éste que habla blasfemias? ¿Quién puede perdonar pecados sino solo Dios?» (5.21). Mateo deja claro que ellos dijeron estas cosas «dentro de sí» (9.3).

Marcos dice igualmente: «Estaban allí sentados algunos de los escribas, los cuales cavilaban en sus corazones: ¿Por qué habla éste así? Blasfemias dice. ¿Quién puede perdonar pecados, sino solo Dios?» (2.6–7). En sus mentes, todos ellos pensaban lo mismo. *Esto es una blasfemia de la peor clase. ¿Quién sino Dios puede legítimamente perdonar pecados?*

La pregunta era meramente retórica; ellos no se preguntaban realmente cuál podría ser la respuesta. Sabían muy bien que nadie puede perdonar pecados excepto Dios. Su doctrina en ese punto era bastante sana. Nosotros podemos perdonar individualmente errores hechos contra nosotros en lo que respecta a nuestras afirmaciones de justicia, pero no tenemos la autoridad de absolver a nadie de culpa delante del trono de Dios. Ningún hombre puede hacer eso. Ningún sacerdote puede hacer eso. Nadie puede hacer eso sino solamente Dios. Cualquiera que usurpe esa prerrogativa es un blasfemo. De hecho, para alguien que no sea Dios, eso sería, sin duda, el acto supremo de idolatría blasfema: ponerse a sí mismo en lugar de Dios.

EL VEREDICTO

Jesús se había puesto deliberadamente en el centro de un escenario que obligaría a todos los observadores a emitir un veredicto sobre Él. Eso es cierto no solo de las personas que fueron testigos presenciales en Capernaum aquel día, sino también de quienes simplemente lean este relato en la Escritura. Y la elección es clara. Hay solo dos posibles conclusiones a que podemos llegar con respecto a Cristo: O es Dios encarnado o es un blasfemo y un fraude. No hay terreno neutral, y esa es precisamente la situación a la cual Jesús apuntaba.

Hay muchos en la actualidad que quieren tratar con condescendencia a Jesús diciendo que era una buena persona, un destacado líder religioso, un importante profeta, un profundo ético, un modelo de integridad, bondad y decencia; un gran hombre, pero solo un hombre y no Dios encarnado. Pero este episodio en su ministerio público es suficiente para borrar esa opción de la lista de posibilidades. Él, o es Dios o es el blasfemo supremo. Él borró a propósito cualquier posible alternativa intermedia.

Jesús no riñó a los fariseos por pensar que solo Dios puede perdonar pecados. Ellos no estaban equivocados en eso. Ni tampoco descartó su preocupación como un mal entendimiento de cuál era su intención. Eso es lo que habría hecho si hubiese sido nada más que un buen hombre que no pretendiera tener una autoridad especial para perdonar pecados o justificar a los pecadores. Si ese hubiese sido el caso, Él debió de haber dicho de inmediato: «¡Un momento! Ustedes me han entendido mal. No estoy diciendo que yo puedo perdonar a este hombre sino que quiero decir que Dios lo perdonará». Cualquier hombre bueno, noble y piadoso se habría apresurado a corregir tal idea errónea y aclarar las cosas afirmando que solamente Dios puede perdonar pecados. Pero Él no hizo nada de eso.

En cambio, los reprendió por «pensar mal en sus corazones» (Mateo 9.4). Estaban equivocados al suponer lo peor sobre Él cuando, de hecho, ya había mostrado con frecuencia de manera convincente y públicamente el poder de Dios al sanar enfermedades que nadie sino Dios podía sanar y al expulsar demonios sobre los cuales solamente Dios tiene poder. En lugar de pensar: *Ningún mero hombre puede perdonar el pecado. Él acaba de blasfemar, debieran haberse preguntado: ¿Puede ser posible que este no sea un mero hombre?*

Los tres Evangelios sinópticos subrayan que Jesús leía los pensamientos de ellos (Mateo 9.4; Marcos 2.8; Lucas 5.22). Al igual que conocía el corazón del paralítico y entendía que el primer interés del hombre era la salvación de su alma, también conocía los corazones de los fariseos y entendía que su único motivo era encontrar una manera de acusarle. El hecho de que supiera lo que pensaban debió de haber sido otro indicio de que Jesús no era un mero hombre.

Pero ellos ya estaban pensando bastante más allá de eso. En cuanto a ellos, ese era un caso de blasfemia pura y simple, y parece que ni se les ocurrió ninguna otra opción. Además, si podían hacer firme esa acusación, podrían llamar a que lo apedrearan. La blasfemia manifiesta era un delito capital. Levítico 24.16 es enfático al respecto: «Y el que blasfemare el nombre de Jehová, ha de ser muerto; toda la congregación lo apedreará; así el extranjero como el natural, si blasfemare el Nombre, que muera».

LA PREGUNTA

Antes de que los escribas y fariseos pudieran siquiera decir lo que estaban pensando, Jesús mismo sacó a la luz el asunto. «Jesús entonces, conociendo los pensamientos de ellos, respondiendo les dijo: ¿Qué caviláis en vuestros corazones? ¿Qué es más fácil, decir: Tus pecados te son perdonados, o decir: Levántate y anda?» (Lucas 5.22–23).

Ellos estaban pensando: *Este hombre está blasfemando porque afirma hacer lo que solamente Dios puede hacer.* Notemos que Jesús ni siquiera insinuó que ellos pudieran haber malentendido sus intenciones. No volvió sobre sus pasos tratando de calificar su propia afirmación ni desafió la creencia de que solo Dios puede perdonar pecados. De hecho, ellos tenían toda la razón con respecto a eso.

Desde luego, solamente Dios puede leer infaliblemente los corazones de los seres humanos. En

Ezequiel 11.5, Dios mismo dice: «Las cosas que suben a vuestro espíritu, yo las he entendido». Y en Jeremías 17.10 afirma: «Yo Jehová, que escudriño la mente, que pruebo el corazón». Ningún ser humano tiene la capacidad de ver perfectamente en la mente de otro. «Porque Jehová no mira lo que mira el hombre; pues el hombre mira lo que está delante de sus ojos, pero Jehová mira el corazón» (1 Samuel 16.7). Jesús acababa de mostrar conocimiento de la mente del paralítico y de los propios pensamientos secretos de ellos acerca de Él. ¿No debería haberles hecho eso detenerse y reflexionar sobre quién era esa persona con quien estaban tratando?

Eso es precisamente lo que Jesús les estaba desafiando a considerar. Les propuso una prueba sencilla: «¿Qué es más fácil, decir: Tus pecados te son perdonados, o decir: Levántate y anda?» (Lucas 5.23). Aunque sin duda es verdad que solo Dios puede perdonar pecados, es igualmente verdad que solo Dios puede hacer el tipo de milagro regenerativo necesario para restaurar los músculos atrofiados y los huesos quebradizos de un cuadripléjico y curarlos en un solo segundo, al punto que pudiera levantarse y salir caminando. La pregunta no era si Jesús podía mejorar a este hombre, sino si podía sanarlo instantáneamente.

Aun con los mejores métodos de la medicina moderna, si resulta que alguien recupera la capacidad de moverse tras sufrir una lesión catastrófica del tipo que causa parálisis grave, normalmente son necesarios meses de terapia para que la mente vuelva a descubrir cómo enviar señales precisas mediante el nervio dañado a los miembros discapacitados. Sin importar cuánto tiempo habría estado paralizado este hombre, podríamos esperar al menos que necesitase algún tiempo para aprender a caminar de nuevo. Pero las sanidades de Jesús siempre se saltaban esa parte de la terapia. Personas ciegas de nacimiento recibían no solo la vista sino también la capacidad instantánea de dar sentido a lo que veían (Juan 9.1–38; Marcos 8.24–25). Cuando Jesús sanaba a una persona sorda, inmediatamente también sanaba el impedimento del habla, sin requerir terapia alguna (Marcos 7.32–35). Siempre que sanaba a personas cojas, les daba no solo tejido muscular regenerado sino también la fuerza y la destreza para tomar sus lechos y andar (Mateo 9.6; Marcos 2.12).

Me resulta irónico que cuando los sanadores de la fe y los charlatanes carismáticos en la actualidad afirman sanar a personas, el paciente normalmente se cae inmóvil o con convulsiones incontrolables. Las sanidades de Jesús tenían exactamente el efecto contrario. Hasta un hombre enfermo y acostado durante treinta y ocho años pudo inmediatamente tomar su lecho e irse caminando (Juan 5.6–9).

Eso era justamente lo que este hombre necesitaba: un acto de poder divino y creativo como solamente Dios puede hacer.

Notemos con atención la forma en que Jesús expresó su pregunta: «¿Qué es más fácil, decir?». Con esa pregunta, Jesús estaba tocando su proceso de pensamiento. Ellos estaban indignados porque le había otorgado perdón a ese hombre. Ellos nunca habían desafiado su derecho a sanar. Obviamente, es imposible que un mero hombre perdone y sane. Nadie tiene tampoco el poder de sanar a voluntad o de absolver el pecado a voluntad.

La sanidad es una metáfora perfecta del perdón. De hecho, las dos cosas son inseparables, porque la enfermedad es un resultado de la maldición producida sobre la creación a causa del pecado. La enfermedad es meramente un síntoma; el pecado es la causa definitiva. (Desde luego, no estamos sugiriendo que toda enfermedad sea la consecuencia inmediata de un pecado concreto. En Juan 9.3 Jesús dice expresamente que hay otras razones para las enfermedades de este o de aquel individuo. Pero la existencia de enfermedades en un universo que fue creado originalmente perfecto es, finalmente y sin embargo, un resultado de la maldición del pecado.) Por tanto, el poder para sanar toda enfermedad presupone el poder de perdonar cualquier pecado. Ambas cosas son humanamente imposibles. Pero Jesús podía hacer una de las dos o ambas con igual autoridad.

Aun así, ¿qué es más fácil decir? Obviamente, es más fácil decirle a alguien que sus pecados son perdonados, porque nadie puede ver si realmente tal cosa ocurrió. El tipo de perdón que Jesús otorgó a este hombre es una transacción divina. Ocurre en la mente de Dios y en el tribunal del cielo. Es un decreto que solo Dios puede hacer, y no hay evidencia terrenal inmediata de ello. Es fácil decir; es humanamente imposible hacer.

Por tanto Jesús, en realidad, les está diciendo: «Ustedes están dudando que yo puedo perdonar los pecados a este hombre, ¿verdad? Y piensan que es muy fácil decir: "Tus pecados son perdonados". De hecho, creen que es blasfemia el que yo lo diga, y que he traspasado una línea a la que ningún hombre debería acercarse jamás».

El hecho de que Jesús conociera sus corazones tan perfectamente y, aun así se negara a evitar el conflicto público que ellos buscaban es significativo. Él sabía muy bien que los fariseos se ofenderían si declaraba perdonados los pecados del hombre y, sin embargo, no evitó hacerlo. De hecho, lo hizo tan públicamente como fue posible. Sin duda, habría podido sanarlo sin provocar esa clase de conflicto abierto con los fariseos.

De la misma manera, pudo haber tratado en privado el asunto de la culpabilidad del hombre en lugar de hacer tal afirmación donde todos pudieron oírla. Jesús seguramente era consciente de que muchas personas en una multitud de ese tamaño no entenderían lo que Él estaba haciendo o por qué lo hacía. Al menos, pudo haber tomado tiempo para hacer una pausa y explicar por qué tenía derecho a ejercer autoridad divina. Cualquiera de esas cosas al menos habría evitado la percepción de que estaba irritando deliberadamente a los fariseos.

Esas son las cosas que un típico y solícito evangélico en estos tiempos posmodernos podría insistir en que no debieran hacerse. ¿No deberíamos evitar la controversia pública a toda costa, especialmente en circunstancias como estas, con tanta gente presente? El enfrentamiento de Jesús con la élite religiosa de Israel es posible que no hubiera sido algo edificante para los normales y corrientes pescadores y amas de casa de Capernaum, ¿no es cierto? Una persona sabia haría todo lo posible para evitar ofender a esos fariseos, ¿no? ¿Qué posible bien podría provenir de convertir la liberación de ese hombre en un teatro de controversia pública?

Pero Jesús no tenía tales escrúpulos. El punto que Él estaba estableciendo era muchísimo más importante que el modo en que los fariseos o el pueblo de Capernaum se sentían al respecto. Por tanto: «para que sepáis que el Hijo del Hombre tiene potestad en la tierra para perdonar pecados (dijo al paralítico): A ti te digo: Levántate, toma tu lecho, y vete a tu casa» (Lucas 5.24).

No es nada fácil decir a alguien: «Levántate, toma tu lecho, y vete a tu casa» porque si uno dice eso y la persona no lo hace en seguida, acaba demostrando que no tiene autoridad para hacer lo que está intentando. Contrariamente a las sanidades falsas presentadas en la televisión religiosa por parte de importantes sanadores de la fe en la actualidad, los milagros de Jesús tenían que ver con enfermedades graves y visibles. Sanaba a personas que habían sufrido espantosas enfermedades por mucho tiempo. Sanó todo tipo de enfermedad imaginable, incluidas discapacidades congénitas y deformaciones físicas. Sanó a las personas cuando estas acudieron a Él, en sus ciudades natales y en sus calles públicas, no desde la seguridad de una plataforma rodeada de biombos y guardas de seguridad. Hizo incontables sanidades, muchas más de las que se describen concretamente en la Escritura (Juan 21.25), sanando a todo aquel que acudía a Él en busca de alivio de cualquier enfermedad (Mateo 4.24; 12.15; 19.2; Marcos 5.56; Lucas 6.18–19). Y sanaba de cerca, en presencia de muchos testigos oculares cuyo testimonio no era posible poner en tela de juicio.

Impostores, falsos sanadores, milagros en escenarios y sanidades falsificadas eran tan comunes en la época de Jesús como lo son en la actualidad. Por tanto, es significativo que nadie cuestionase nunca la realidad de los milagros de Jesús, incluyendo los fariseos. Ellos siempre le atacaban por otros motivos. Cuestionaban la fuente de su poder; le acusaban de sanar ilegítimamente en día de reposo. Sin duda,

hubieran afirmado que Él solamente usaba la presti-
digitación si pudiera haberse establecido un caso creí-
ble para esa acusación. Pero nada en el relato de los
Evangelios sugiere que los fariseos ni ninguna otra
persona tratasen nunca de acusarle de falsedad.
¿Cómo podrían, dada la naturaleza y la abundancia de
sus milagros?

Toda su reputación giraba en torno a una imposi-
bilidad. Él demostraría del modo más gráfico posible
que tiene autoridad para hacer lo que solamente Dios
puede hacer.

LA CONCLUSIÓN

El relato de Lucas es notable por su clara simplicidad.
El estilo de redacción refleja lo asombroso de lo repentino del milagro. Todo desde este punto en adelante
en la narrativa sucede con tanta rapidez, que Lucas lo
cubre todo en dos breves versículos. Del paralítico,
dice: «*Al instante*, levantándose en presencia de ellos,
y tomando el lecho en que estaba acostado, se fue a su
casa, glorificando a Dios» (5.25, énfasis añadido).

En ese único instante sucedieron muchas cosas.
Los huesos del hombre, frágiles por la falta de uso, se
endurecieron perfectamente; sus músculos recupera-
ron al momento la plena fuerza y funcionalidad; sus
articulaciones y tendones se volvieron firmes y móvi-
les. Todos los elementos de su fisiología que estaban

atrofiados fueron regenerados. Su sistema nervioso volvió a encenderse y de inmediato se volvió plenamente funcional. Neuronas que hacía mucho tiempo habían dejado de sentir volvieron a la vida instantáneamente. En un momento él no sentía nada en aquellas extremidades inútiles; al siguiente momento sentía toda la fuerza y la energía que llega con una salud perfecta. Brazos que un minuto antes habían necesitado ser llevados por cuatro hombres y una camilla, de repente eran capaces de transportar a casa esa camilla.

La partida del hombre parece horriblemente abrupta. Pero el mandato de Jesús consistió en tres sencillos imperativos: «Levántate, toma tu lecho, y vete a tu casa» (v. 24). Y eso es, precisamente, lo que el hombre hizo. Si se detuvo para dar gracias a Jesús, no fue por mucho tiempo. Con seguridad estaba profundamente agradecido; pero también tiene que haber estado ansioso por llegar a su casa y mostrar a sus seres queridos lo que Dios había hecho por él.

Lucas no dice a qué distancia estaba su casa, pero debió de haber sido una hermosa caminata. Y aquí es donde vemos su profunda gratitud: durante todo el camino se fue «glorificando a Dios» (v. 25).

A veces, la Biblia resta importancia a las cosas obvias: «glorificando a Dios». Eso es lo que los ángeles hicieron en el cielo cuando anunciaron el nacimiento del Mesías (Lucas 2.14–15). Es fácil imaginar a este hombre corriendo, saltando, aplaudiendo y danzando durante todo el camino hasta su casa. Si sus cuatros amigos iban con él, probablemente los sobrepasó a todos. Ellos debieron de estar un poco fatigados de transportarlo hasta Capernaum; él acababa de renacer, tenía un vigor nuevo, y fue liberado de toda carga que había soportado excepto aquella camilla ahora inútil.

«Glorificando a Dios» también debe de haber implicado bastante ruido: risas, gritos y aleluyas. Me imagino que apenas podría esperar llegar a la puerta de su casa, abrirla con un grito de alegría, entrar con sus nuevos brazos totalmente abiertos, y celebrar su sanidad con su esposa, sus hijos, o cualquier familiar que estuviera en casa.

Pero la *mejor* parte no fue que hubiera podido irse saltando a su casa; la mejor parte fue que iba limpio de su pecado. No sé qué era lo que se había atrevido a esperar cuando él y los cuatro antiguos portadores partieron aquella mañana en procura de Jesús; pero estoy bastante seguro de que no esperaba recibir todo lo que obtuvo. Sus pecados fueron perdonados y había sido creado de nuevo. No es sorprendente que glorificara a Dios.

El milagro tuvo su efecto en el pueblo de Capernaum. «Y todos, sobrecogidos de asombro, glorificaban a Dios; y llenos de temor, decían: Hoy hemos visto maravillas» (Lucas 5.26). La expresión griega que

Lucas utiliza significa «sobrecogido de asombro». El sustantivo en esa frase es *ekstasis*, que desde luego, es la raíz de la palabra *éxtasis*. Literalmente habla de una sacudida mental: una potente ola de asombro y profundo deleite. En este caso, sin embargo, traducir la palabra como *extático* no captaría realmente la reacción de la gente tal como Lucas la describe. Fue más parecido a un anonadado asombro, mezclado con temor y maravilla.

Al igual que el hombre anteriormente paralítico, ellos glorificaron a Dios. La alabanza de la multitud, sin embargo, tiene un carácter diferente a la adoración del hombre sanado. Él fue movido por una profunda gratitud personal y un corazón recién liberado de culpabilidad. Ellos simplemente estaban asombrados ante lo extraño de lo que habían visto. Sabemos por acontecimientos subsiguientes que la mayoría de la admiración de Capernaum por Jesús resultaría ser un voluble tipo de estima. Muchos en aquella multitud eran discípulos tibios y parásitos que rápidamente se alejaron cuando la enseñanza de Jesús se volvió más difícil.

Pero más peculiar es el hecho de que Lucas no dice nada más sobre los fariseos. Con un tipo de sigilo que pronto se convertiría en un patrón, ellos sencillamente guardan un profundo silencio y se desvanecen de la historia. El hombre que fue sanado regresó glorificando a Dios y regocijándose en su recién hallado manto de justicia. Los líderes religiosos de Israel se escabulleron en la dirección contraria, silenciosamente furiosos, resentidos de que Jesús hubiera declarado perdonado al paralítico, incapaces siquiera de regocijarse en la buena fortuna del hombre, y silenciosamente maquinando su siguiente intento de desacreditar a Jesús. Sabemos que esa fue su respuesta porque, cuando vuelven a aparecer, estarán un poco más enojados, un poco más ejercitados, y mucho menos abiertos a considerar seriamente las afirmaciones de Jesús. Esta primera controversia galilea parece marcar el comienzo de un patrón de conflictos públicos cada vez más hostiles con Jesús mediante el cual sus corazones estarían completamente endurecidos contra Él.

Esta ocasión también resumió con bastante justicia las razones espirituales del intenso odio de los fariseos. Ellos no podían soportar la compasión con que un pecador había sido perdonado. La idea de que Jesús justificase instantánea y gratuitamente a un paralítico, alguien que, por definición, era incapaz de trabajar, contradecía todo lo que ellos defendían. El ejercicio de autoridad divina por parte de Jesús también les dolió. No era tanto que creyeran realmente que era culpable de blasfemia; después de todo, Él respondió a esa acusación demostrando de modo repetido y convincente que tenía pleno poder para hacer lo que solamente Dios puede hacer. Pero ellos tenían su propia idea de cómo debería ser Dios, y Jesús simplemente no encajaba en el perfil.

Además de todo eso, Jesús era una amenaza para su estatus en Israel (Juan 11.48), y cuanto más los humillaba en público, más disminuía la influencia de ellos en el pueblo. De aquí en adelante, esa realidad pendería como una crisis urgente en todos los pensamientos que ellos tenían sobre Él.

Después de este episodio, los fariseos aparecen frecuentemente en todos los relatos de los Evangelios. En seguida comenzaron a ir tras los pasos de Jesús dondequiera que Él iba, tratando de aprovechar la más mínima oportunidad que podían encontrar para acusarle. Se le oponían en cualquiera ocasión, recurriendo incluso a mentiras y blasfemias en su desesperación por desacreditarlo.

Claramente, si no le reconocieron cuando vieron un milagro tan dramático como la sanidad instantánea de este paralítico, nada penetraría en sus corazones endurecidos y farisaicos. Ya habían avanzado demasiado por el camino que los convertiría en los principales conspiradores para su asesinato.

Jesús, desde luego, encarnaba todos los atributos de Dios: bondad, paciencia y misericordia por una parte; ira, justicia y juicio por otra. Todas esas cualidades son discernibles en alguna medida en el modo en que trató con los fariseos durante el curso de su ministerio. Pero debido a que el evangelio estaba en juego y su propio señorío estaba siendo constantemente atacado por esos hombres que eran los líderes espirituales más influyentes en la nación, su bondad nunca eclipsó su severidad en ninguno de sus tratos con ellos.

El curso de ellos estaba trazado, aparentemente algún tiempo antes de este primer encuentro galileo con Él. Sus corazones ya estaban decididos a ser inflexibles ante la autoridad de Jesús, inconscientes de su enseñanza, opuestos a su verdad, insensibles a su justicia, e inmunes a sus represiones. Ellos esencialmente ya le habían desechado.

Pronto Él los desecharía también a ellos.

CAPÍTULO 3

EL PERDÓN DE DIOS ES INMERECIDO

El amor de Dios hacia toda la humanidad es un amor de *compasión*. Para decirlo de otro modo, es un amor piadoso. Es un amor descorazonado. Él es «bueno y perdonador, y grande en misericordia para con todos los que te invocan» (Salmo 86.5). «De Jehová nuestro Dios es el tener misericordia y el perdonar, aunque contra él nos hemos rebelado» (Daniel 9.9). Dios es «misericordioso y piadoso; tardo para la ira, y grande en misericordia y verdad» (Éxodo 34.6). «Dios es amor» (1 Juan 4.8, 16).

Debemos entender que no hay nada en algún pecador que compela el amor de Dios. Él no nos ama porque seamos amables. No es compasivo con nosotros porque de algún modo merezcamos su misericordia. Somos pecadores despreciables y viles que si no fuéramos salvos por la gracia de Dios seríamos arrojados en el basurero de la eternidad que es el infierno. En nosotros no hay ningún valor, nada digno de ser amado.

Hace poco escuché a un psicólogo presentador de radio tratando de darle a una persona lo que se llama un estímulo del ego: «Dios te ama por lo que eres. *Debes verte* como alguien especial. Después de todo, tú eres especial para Dios». Pero ese no es el punto por completo. Dios *no nos* ama «por lo que somos». Él nos ama *a pesar de lo que somos*. No nos ama porque seamos especiales. Más bien, es solo su amor y su *gracia* los que dan significado a nuestra vida.

Esto puede parecer una perspectiva triste a los que se crían en una cultura donde la autoestima es elevada a la categoría de virtud suprema; sin embargo, es precisamente lo que enseñan las Escrituras: «Pecamos nosotros, como nuestros padres; hicimos iniquidad, hicimos impiedad» (Salmo 106.6). «Si bien todos nosotros somos como suciedad, y todas nuestras justicias como trapo de inmundicia; y caímos todos nosotros como la hoja, y nuestras maldades nos llevaron como viento» (Isaías 64.6).

Dios ama porque Él es amor. El amor es esencial para quien Él es. En lugar de ver su amor como prueba de algo digno en nosotros, deberíamos sentirnos humillados ante él.

El amor de Dios para el réprobo no es el amor basado en lo que vales sino el amor basado en la compasión por el que *pudo* haber tenido valor y nunca tuvo. Es un amor de compasión. Es un amor de pesar. Es un amor de patetismo. Es el mismo sentido profundo de compasión y piedad que tenemos cuando vemos a un abandonado plagado de llagas yaciendo en la cuneta. No es un amor incompatible con la repulsión, pero es un amor genuino, compasivo y comprensivo.

EL COMIENZO

Resulta que la buena noticia acerca de la salvación comienza con la mala noticia acerca del pecado. Como dijo Jesús: «Los sanos no tienen necesidad de médico, sino los enfermos. No he venido a llamar a justos, sino a pecadores» (Marcos 2.17). Pablo sabía que los que subestiman la magnitud y la gravedad de la pecaminosidad humana, en especial los que no ven su propia depravación, no pueden aplicar el único remedio eficaz para sus problemas.

No puede haber salvación para los que no están convencidos de la gravedad de su pecado. No puede haber ninguna palabra de reconciliación para los pecadores que permanecen ajenos de su alejamiento de Dios. El verdadero temor de Dios no alcanza a los que están ciegos a la profundidad de su pecado. Y no hay misericordia disponible para los que no tiemblan ante las amenazas santas de Dios.

En otras palabras, tratar de erradicar la conciencia humana es una de las actividades más espiritualmente destructivas en las que el individuo o la sociedad pueden participar. Da como resultado la ira de Dios, no la ira final (el infierno) o la ira escatológica (el Día del Señor), sino la ira temporal. Es decir, elimina gracia restrictiva y entrega a una persona o a una sociedad al ciclo de pecado sin el impedimento mitigante de la conciencia. Este es el juicio del que Pablo habló en Listra, cuando dijo que Dios «en las edades pasadas . . . ha dejado a todas las gentes andar en sus propios caminos» (Hechos 14.16).

Este es el punto principal de Pablo en Romanos 1.18–32. Allí describe el juicio de Dios que da como resultado la disminución de la humanidad en el pecado sin sentido. Tenga en cuenta que la característica más dramática de su relato no es los pecados espantosos que él nombra; aunque detalla algunas de las más grotescas prácticas. Pero la característica singular señala que cada paso de descenso del género humano bajo la ira de Dios consiste en el endurecimiento y la pérdida de la conciencia.

LA EVIDENTE CONCIENCIA INTERIOR

Pablo afirma que la ira de Dios se revela porque las gentes «detienen con injusticia la verdad» (Romanos 1.18). Se refiere a los pecadores que con éxito han logrado silenciar sus propias conciencias. «La verdad» que ellos suprimen es verdad del conocimiento innato acerca del carácter de Dios, un sentido de lo bueno y lo malo, y un conocimiento básico de lo correcto e incorrecto. Estas cosas son universalmente conocidas por todos, «porque lo que de Dios se conoce les es manifiesto, pues Dios se lo manifestó» (v. 19). En otras palabras, Dios se manifiesta en el sentido más básico dentro de cada conciencia humana.

Ese conocimiento interno acerca de Dios se ve agravado por las pruebas de su poder y deidad en el orden natural de la creación: «las cosas invisibles de él, su eterno poder y deidad, se hacen claramente visibles desde la creación del mundo, siendo entendidas por medio de las cosas hechas» (v. 20). La verdad así revelada no es secreta o ambigua; es «claramente visible». Tampoco es observable solo por algunas almas especialmente dotadas. «Los cielos cuentan la gloria de Dios, y el firmamento anuncia la obra de sus manos» (Salmo 19.1). Ellos dan testimonio a una audiencia universal.

En otras palabras, estas verdades: que Dios existe, que es poderoso, que es bueno y que es glorioso, son evidentes a creyentes y no creyentes, a cristianos y a paganos, a judíos y a gentiles. Nadie puede alegar ignorancia. Aun el pagano más ignorante sabe más verdad que lo que él está dispuesto a aceptar. Los que suprimen esa verdad, los que abrogan sus conciencias «no tienen excusa» (Romanos 7.20).

LA ESPIRAL DESCENDENTE

Pablo describe la ira de Dios a través del descenso de la humanidad en el pecado más profundo y penetrante. Describe los pasos de ese descenso como si hubieran sido tomados de las primeras planas de nuestros periódicos. La sociedad más moderna llega al abismo de la incredulidad y el desenfreno, con lo que la verdad de las Escrituras se ha cumplido. Observe cómo las cuestiones esbozadas por Pablo hace casi dos mil años atrás describen con precisión los pecados más populares hoy. Aparecen en las siguientes áreas: el secularismo, la falta de sentido común, la religión corrupta, la lujuria descontrolada y la perversión sexual.

La dura verdad es que los seres humanos somos completamente incapaces de vivir en rectitud y agradar a Dios por nuestra cuenta. Sin Él estamos perdidos.

CONFESIÓN DE PECADO

Su incapacidad para obedecer a Dios de la manera en que usted sabe que debería tiene un impacto en su relación con Él. Así como un niño desobediente decepciona a su padre, del mismo modo nuestro pecado decepciona a nuestro Padre celestial. Sin embargo, al igual que un padre recibe con los brazos abiertos a un hijo que confiesa su desobediencia con un espíritu de arrepentimiento, Dios nos devuelve el gozo de la salvación cuando le confesamos nuestros pecados a Él (Salmo 51.12).

Como parte de su nueva vida en Cristo, usted querrá mantener esa relación íntima con Él. Para hacer eso necesita confesar continuamente sus pecados a

Dios. Como el apóstol explicó: «Si confesamos nuestros pecados, él es fiel y justo para perdonar nuestros pecados, y limpiarnos de toda maldad» (1 Juan 1.9). Un cristiano confiesa continuamente y Dios perdona continuamente.

Las Escrituras enseñan que las personas redimidas deben orar regularmente por perdón. Mientras vivamos en un mundo de pecado y tengamos nuestras propias tendencias pecaminosas, tiene sentido que como cristianos, aunque eternamente limpiados, todavía necesitamos la purificación diaria de los efectos del pecado.

Necesitamos abandonar nuestro pecado regularmente, no buscando el perdón de un Juez enojado, sino el perdón de un Padre amoroso, disgustado y afligido, pero amándonos de todos modos.

La confesión verdadera de pecado no es solo admitir que hicimos algo incorrecto, sino admitir que nuestro pecado fue contra Dios y un desafío a Él personalmente. Por lo tanto, la característica principal de la confesión es estar de acuerdo con Dios en que somos impotentemente culpables. De hecho, la palabra griega para la confesión significa literalmente «decir lo mismo». Confesar nuestros pecados es decir la misma cosa que Dios dice acerca de ellos, admitiendo que la perspectiva de Dios de nuestras transgresiones es la correcta.

Por esta razón, la confesión verdadera también implica arrepentimiento, volverle la espalda al mal pensamiento o a la mala acción. Francamente no hemos confesado nuestro pecado sino hasta que hayamos expresado el deseo de apartarnos de él. La confesión real incluye una ruptura que inevitablemente conduce a un cambio de comportamiento. En Isaías 66.2 el Señor dice: «Miraré a aquel que es pobre y humilde de espíritu, y que tiembla a mi palabra». Cuando oremos, vayamos a Dios temiendo quebrantar su Palabra, anhelando la victoria sobre nuestras debilidades y fracasos. Confesar nuestro pecado, sin embargo, no elimina el castigo de Dios (la disciplina). Aunque nos arrepintamos, Dios a menudo nos castiga para corregir nuestro comportamiento en el futuro. Si Él nos castiga por algún comportamiento pecaminoso, sabemos que nos merecemos la corrección.

Cuando Dios nos castiga como sus hijos, es para nuestro beneficio. Hebreos 12.5–11 dice que Él nos castiga como hijos para que podamos ser mejores hijos. Con demasiada frecuencia los creyentes tienen el punto de vista equivocado en lo que respecta a la disciplina, preguntándose por qué Dios permite que cosas horribles les ocurran. La confesión nos permite ver la disciplina desde la perspectiva de Dios. Solo entonces se puede ver cómo Dios, mediante resultados dolorosos, le moldea para llevarle lejos del pecado hacia la justicia.

Sin embargo, nuestro Dios es un Dios que perdona. En respuesta y gracias a, le confesamos nuestro pecado a Él y nos apartamos del pecado, no sea que pisoteemos su gracia. Si intenta cubrir su pecado, no prosperará; solo perderá su gozo y cosechará el desagrado divino. Pero cuando usted confiesa y abandona su pecado, hay una garantía de la compasión divina. Como el sabio rey Salomón prometió en Proverbios 28.13: «El que encubre sus pecados no prosperará; mas el que los confiesa y se aparta alcanzará misericordia». El Dios que disciplina a santos pecadores por su amor hacia ellos también se deleita en derramar su misericordia sobre el quebrantado y arrepentido.

El pecado es una realidad de la vida en la tierra, pero para los cristianos es solo un enemigo temporal y persistente. Una salvación gloriosa aguarda, por la gracia de un Padre amoroso que está listo para aceptarle por siempre en su presencia, habiéndole hecho sin pecado en su hogar celestial.

CAPÍTULO 4

DIOS QUIERE PERDONAR

EL HIJO PRÓDIGO

«Y cuando aún estaba lejos, lo vio su padre, y fue movido a misericordia, y corrió, y se echó sobre su cuello, y le besó» (Lucas 15.20).

Mientras Jesús decía esta historia, sin duda los escribas y los fariseos esperaban que el padre del hijo pródigo dejara caer con fuerza el martillo sobre el descarriado. Después de todo, el honor del padre se había convertido en vergüenza por la rebelión de su hijo, y el padre había traído más vergüenza sobre sí por la indulgente manera en que al principio respondió al muchacho. Era de esperar que este padre hubiera aprendido una lección aun más valiosa que cualquiera sabiduría práctica que el pródigo hubiera obtenido de sus experiencias. Cualquier padre con una adecuada preocupación respecto del honor de su propio nombre y de la reputación de la familia vería ahora que un muchacho como este recibiera el pago justo y total de todas sus trasgresiones, ¿correcto?

Tenga en cuenta que Jesús estaba contando esta parábola principalmente en beneficio de los escribas y los fariseos. En una historia llena de vergüenza, conmoción y sorpresas, hasta este punto ellos estaban de acuerdo con él. En efecto, estaban sorprendidos y hasta escépticos en la parte correspondiente al arrepentimiento del pródigo. Pero definitivamente aprobarían el plan de acción delineado por el muchacho: volver a casa, humillarse, confesar que se había equivocado, renunciar a todos los derechos de su posición como hijo, y trabajar como jornalero en un papel de marginado mientras llevaba a cabo la restitución. Todo eso, según la manera de pensar de ellos, era exactamente lo que el caprichoso joven debía hacer. Finalmente, ¡algo de cordura en esta historia!

La perspectiva de los fariseos

Las graves faltas en la conducta inicial del hijo pródigo seguían siendo un obstáculo enorme y casi infranqueable, que impedía a los fariseos mostrarle algo de empatía o compasión. Ellos simplemente no podían oír de tan vergonzosa conducta sin quedar efusiva y permanentemente ofendidos. Así lo exigía su filosofía de vida. Solo pensar en esa clase de pecado les era tan desagradable, que para todo propósito práctico lo trataban como imperdonable. Después de todo, su apariencia pública conservada cuidadosamente estaba diseñada para mostrar desprecio por todo lo personificado en el envilecimiento personal del pródigo: rebelión, materialismo y otras formas manifiestas de mala conducta. Cuando alguien así expresaba alguna clase de arrepentimiento, era incluso para ellos una ocasión de menosprecio. Sin duda, no tenían en su teología ninguna categoría para mostrar gracia a esa clase de pecador.

De ahí que ahora que el muchacho regresaba a casa, los fariseos esperaban que recibiera su merecido. La única pregunta era cómo y cuánto castigaría el padre al muchacho . . . para salvar su propio honor y para avergonzar al hijo del modo que merecía. Aquí estaba la parte de la historia que más cautivaba y atraía a sus mentes legalistas. A estas alturas estaban absortos.

De algo los fariseos estaban seguros: no podía haber perdón instantáneo. Tampoco era probable que el pródigo fuera alguna vez digno de reconciliación total con su padre. Si el rebelde quería ahora regresar a casa, sencillamente tendría que tomar su medicina en dosis completas.

Según el mejor de los panoramas de los fariseos, el escarmentado hijo sería excluido de la comunión familiar. Probablemente viviría como un paria en las afueras de la propiedad de su padre, llevando en los hombros la carga de tratar por el resto de su vida de cancelar su deuda al padre. Después de todo, eso era mostrar demasiada misericordia, comparado especialmente con lo que exigía la justicia (Deuteronomio 28.18–21).

El muchacho podría ganar bajo ese arreglo un salario decente y hasta tener un lugar permanente donde vivir en las habitaciones de la servidumbre . . . seguridad laboral y un salario llevadero. Ya no enfrentaría la amenaza diaria de inanición. Pero eso era todo. No tendría privilegios especiales. No solo que no volvería a ser un hijo sino que no tendría ninguna posición en absoluto.

¿Por qué debería tenerla? Él fue quien renunció a su herencia y decidió vivir como gentil. Al hacer eso perdió para siempre todos los derechos que fueron suyos en la casa de su padre. Ya no tendría parte en la propiedad paterna. Después de todo, ya había recibido toda su herencia, la había liquidado por mucho menos de su valor, y la había despilfarrado. Recuerde que si el padre seguía los convencionalismos sociales, ya habría subrayado a su propia familia la abjuración del pródigo con la finalidad de tener un funeral para el muchacho poco después de irse de la casa.

En lo que respecta a los fariseos, el pródigo ya estaba muerto para su padre. Se podría considerar de verdad afortunado aun si el padre aceptaba su solicitud de contratarlo como peón. Eso era todo lo que demandaba la misericordia, y era la mejor opción para el hijo arrepentido. Pero aún tendría que trabajar duro toda la vida como jornalero. Así es exactamente como se suponía que se manejaban las cosas.

Por tanto, lo que sucedió a continuación fue una sacudida sísmica para la filosofía de vida de los fariseos. Pondrían los ojos en blanco y negarían con la cabeza, escandalizados e indignados ante el recibimiento que el padre dio al hijo pródigo.

Lo que todos esperaban

A medida que el hijo pródigo se aproximaba a la casa de su padre, la realidad y la urgencia de su situación debieron haber ocupado todos sus pensamientos. Ahora su vida dependía totalmente de la misericordia de su padre. Si su padre no se compadecía de él todos los demás en el pueblo lo despreciarían; la gente debía hacer eso para proteger su propio honor. En consecuencia el pródigo estaba indefenso entre la vida y la muerte, y estaría perdido si su padre le daba la espalda. Nadie en esa cultura ni siquiera pensaría en hospedarlo si su propio padre lo declaraba marginado. Por tanto, todo dependía de la respuesta de su padre.

A medida que se acercaba a su casa, es muy probable que el pródigo haya ensayado su ruego docenas, tal vez cientos de veces. «Padre, he pecado contra el cielo y contra ti. Ya no soy digno de ser llamado tu hijo; hazme como a uno de tus jornaleros» (Lucas 15.18–19).

Quizás el joven se preguntaba cómo parecería esa solicitud a mentes razonables. ¿Era vergonzoso para él que buscara la compasión de su padre? ¿Estaba exigiendo demasiado al pedir algún favor? Así es como se podría sentir el individuo típico en esa cultura. Así es, sin duda, como lo veían los fariseos. La conciencia del pródigo le remordería con recuerdos de las tonterías y las perversidades que había hecho, todo lo cual deshonró el nombre de su padre. ¿Quién era él para pedir ayuda ahora, en especial cuando le habían dado tanto y lo había despilfarrado todo, y por consiguiente no le quedaba nada de verdadero valor para ofrecer a cambio de la bondad de su padre? ¿Y si el padre tomaba su súplica de clemencia como otra petición escandalosa y se apartaba de él para siempre?

En esa cultura de honor, especialmente en una situación como esta, no habría sido nada fuera de lo común si el padre se negaba a reunirse con el muchacho en un encuentro cara a cara. Es más, aunque el padre estuviera predispuesto a conceder una audiencia al hijo arrepentido, sería típicamente muy justo castigarlo primero por hacer de su vergüenza un espectáculo público. Por ejemplo, en esas circunstancias un padre podría hacer que el hijo se sentara fuera de la puerta a la vista de los demás por varios días, haciéndole absorber algo de la deshonra que había provocado sobre su familia. El muchacho estaría completamente expuesto a los elementos y, peor aun, al total escarnio de la comunidad entera.

En un pueblo típico donde todos se conocen, entenderían al instante la importancia de tal gesto del padre. Si un padre negaba a su propio hijo una reunión inmediata cara a cara, y en vez de eso lo hacía sentar en la plaza pública, todo el pueblo trataría con total desprecio al muchacho, burlándose y maltratándolo de palabra y quizás hasta escupiéndolo. Las personas menos privilegiadas en la comunidad se saldrían de su camino para mostrar su desprecio por este muchacho que había sido bendecido con todas las ventajas y las había desperdiciado. Ninguna vejación sería demasiado grande para amontonar sobre su cabeza. Él solo tendría que sentarse allí y recibirla mientras esperaba.

Eso podría parecer duro, pero recuerde que el castigo total prescrito por la Ley de Moisés para un hijo rebelde era muerte por apedreamiento. Las instrucciones en la Ley ordenaban que «todos los hombres de su ciudad lo apedrearán, y morirá; así quitarás el mal de en medio de ti» (Deuteronomio 21.21). Por tanto, la humillación pública, en vez de muerte a pedradas, en realidad era una misericordia que el muchacho no merecía. Y en esa cultura donde el honor y la vergüenza significaban tanto, el profundo desprecio de la comunidad por la conducta de este muchacho prácticamente exigía alguna clase de expresión.

Lo más probable es que esa haya sido exactamente la clase de trato que el hijo pródigo esperara. Era el costo de la readmisión al pueblo que él había rechazado. Esta era solo una fase de un largo proceso que debía estar preparado a soportar. Si el pródigo hubiera considerado el costo del arrepentimiento, tal trato ni siquiera debería haberlo tomado por sorpresa. Según las costumbres sociales de esa cultura, al haber sido la causa de tanta vergüenza, debía ahora ser avergonzado por todos los demás como parte vital de la justa retribución que merecía. Él mismo se había convertido en paria; tendría que esperar que lo trataran como tal.

Después de esperar algunos días en esa condición, si el padre decidía concederle una audiencia —suponiendo que estuviera dispuesto a extender cierto grado de misericordia al hijo rebelde— se esperaría que este se inclinara y besara los pies del padre. Nada de abrazos. Ni siquiera estaría bien que permaneciera de pie y besara la mano del padre. El único comportamiento adecuado para tal hijo sería caer postrado con el rostro en tierra ante el padre a quien había deshonrado.

Lo más probable es que el padre recibiera al joven con cierta medida de fría indiferencia. Para guardar las apariencias, el padre debería enfocar formalmente el arreglo, como un trato comercial, sin mostrar nada de afecto o ternura manifiesta hacia el muchacho. No debería de haber negociación; el padre simplemente declararía los términos del empleo, explicándole lo que se le exigía, qué clase de tareas podía el joven esperar que se le asignaran, y cuánto tiempo tendría que servir antes de que se le pudiera dar el más mínimo privilegio.

UNA ANALOGÍA DEL ANTIGUO TESTAMENTO: JOSÉ Y SUS HERMANOS

En el Antiguo Testamento hay una interesante similitud a esta situación en el relato sobre la reconciliación de José con sus hermanos. La historia es muy conocida. Los hermanos de José lo vendieron como esclavo, y sin embargo él se levantó milagrosamente a pesar de todo sufrimiento y contratiempo imaginable hasta convertirse en el segundo hombre más poderoso en Egipto.

Años después, cuando los hermanos fueron obligados por el hambre a ir a Egipto en busca de ayuda, se encontraron con José sin reconocerlo. Al principio (hasta que supo por ellos el paradero de su padre y su hermano menor), José los trató con severidad y amenazas. Desde luego, no tenía intención de hacerles daño. Pero a fin de obtener la cooperación y la total sinceridad de ellos (y quizás para descubrir si al menos estaban un poco arrepentidos por su pecado contra él) José usó su autoridad para sacar un buen provecho. Hizo sudar a sus hermanos (parece que por varios días o semanas) hasta que estuvo listo para revelarles quién era y garantizarles el perdón.

Por supuesto, José no estaba obligado a mostrar a sus hermanos esa clase de favor, y tenía todo el derecho de castigarlos por lo que le habían hecho. Ellos también lo sabían. Temían lo que José les pudiera hacer aun después de que les revelara su identidad y los recibiera llorando. Cuando murió Jacob, su padre, ellos creyeron que José podría tratar de vengarse, por lo que se ofrecieron como siervos de él (Génesis 50.18). Entonces José clarificó rotundamente que los perdonaba de manera total e incondicional.

Pero el perdón de José hacia sus hermanos fue una acción extraordinaria, espiritual y excelente de uno de los personajes más conocidos en la historia de Israel. Nadie esperaría algo como eso de parte del padre del hijo pródigo: ni el mismo pródigo, ni los aldeanos en la comunidad de su padre, ni su hermano mayor, ni las personas en la audiencia de Jesús, y sin duda ni los fariseos.

CAPÍTULO 5

DIOS ENTRA EN ACCIÓN
PARA PERDONAR

CÓMO CAMBIÓ LA TRAMA

En este punto, la parábola de Jesús tomó un giro dramático e inesperado. Aquí estaba un padre no solo dispuesto a conceder gran cantidad de misericordia a cambio de la promesa de una vida de meritorio servicio, sino ansioso por perdonar libre y totalmente a la primera señal de arrepentimiento: «Cuando aún estaba lejos, lo vio su padre, y fue movido a misericordia, y corrió, y se echó sobre su cuello, y le besó» (Lucas 15.20).

Es obvio que el padre estaba esperando el regreso del pródigo. ¿Cómo pudo haberlo visto cuando aún estaba lejos? Sin temor a equivocarnos podemos imaginar que el padre había estado oteando el horizonte todos los días en busca de señales del regreso del muchacho. Quizás también había estado haciendo eso por bastante tiempo . . . y tal vez ni siquiera volvió a salir después del impacto inicial de la partida del hijo.

Era evidente que la pena aún no se había ido, porque el padre todavía vigilaba. Se lo pasaba observando a diario, desconsolado pero con esperanza, soportando el atroz dolor del amor provocado por su hijo. Sin duda alguna él sabía que la clase de vida que su hijo había escogido lo conduciría al final del camino. Desesperadamente confiaba en que el muchacho sobreviviera y regresara a casa. Así que pasaba su tiempo libre observando esperanzado. Debió haber subido al punto más alto de su propiedad, quizás sobre una torre o un tejado, y pasaría las horas muertas escudriñando el horizonte, orando por el seguro regreso del joven, y pensando en cómo sería cuando volviera y si lo haría. Es muy probable que un hombre como este padre hubiera vuelto muchas veces al lugar que había transformado en su observatorio.

Era de día cuando el padre finalmente divisó al hijo rebelde. (Sabemos ese detalle porque es la única manera de que lo pudo haber visto «cuando aún estaba lejos».) Suponemos que el centro del pueblo tiene que haber estado lleno de gente; que los mercados estarían abarrotados de vendedores, compradores y mujeres con hijos, y sentados en la plaza pública los ancianos observarían la animada actividad. Y que en el instante en que el hijo se acercaba a la aldea, alguien lo habría reconocido, anunciando a gritos la noticia de su regreso. Probablemente alguien corrió a decírselo al padre.

¿Por qué entonces el padre estaba vigilando? ¿Y por qué corrió hacia el hijo en vez de esperar que el muchacho corriera hacia él? En primer lugar, y lo más obvio, es que el padre estaba ansioso de verdad por iniciar el perdón y la reconciliación con su hijo. Ese aspecto de la parábola se repite en las dos parábolas anteriores, donde con diligencia el pastor busca la oveja descarriada y la mujer busca su moneda perdida. Cada una de esas imágenes representa a Cristo como el buscador fiel. Él es el arquitecto y el iniciador de nuestra salvación. Él busca y atrae hacia sí a los pecadores aun antes de que lleguen a pensar en buscarlo a Él. Jesús siempre hace el primer intento de acercamiento; siempre paga el precio de la redención. Llama, justifica, santifica y finalmente glorifica a cada pecador que cree (Romanos 8.30). Cada aspecto de nuestra salvación es obra misericordiosa de Cristo.

Esta descripción del padre corriendo a encontrar al hijo pródigo calza aun más en los detalles de la visión general. Ilustra la verdad de que Dios es lento para enojarse y rápido para perdonar. No se complace en la muerte de los malvados sino que está ansioso, dispuesto y hasta feliz de salvar a los pecadores.

¿QUÉ ESTABA PENSANDO EL PADRE?

Sin embargo, aquí hay un segundo factor importante. Es claro que el padre quiso alcanzar al pródigo antes de que este llegara al pueblo, posiblemente para protegerlo del tormento del desprecio y los improperios que podría recibir si atravesaba el lugar sin haberse reconciliado con él. En vez de eso, el padre mismo soportaría la vergüenza y recibiría el abuso. No le quepa la menor duda: en el contexto de esa cultura, la acción del padre de correr hacia el hijo y abrazarlo incluso antes de que él llegara a casa se veía como una vergonzosa falta de decoro. En la fastidiada perspectiva de los escribas y de los fariseos, este era un aspecto más que añadía vergüenza al padre. Para empezar, los nobles en esa cultura no corrían. Correr era para los niños y los siervos. Los hombres maduros no corrían, especialmente los hombres de dignidad e importancia. Estos caminaban magistralmente, con garbo y pasos lentos.

Pero Jesús dice que «su padre . . . *corrió*» (Lucas 15.20, énfasis añadido). No envió a un criado o a un mensajero a encontrarse con el hijo. Y no se trató simplemente de que aligerara el paso sino que ¡corrió! El texto usa una palabra que habla de salir corriendo a toda velocidad, como si estuviera en una competencia atlética. El padre levantó la basta de su túnica y salió a toda prisa de forma poco digna.

La imagen de que un hombre respetable y acaudalado como este corriera parece fuera de lugar en esa cultura del Medio Oriente, en que tradicionalmente los traductores arábigos de la Biblia han sido reacios a traducir la frase sin recurrir a un eufemismo como «se apresuró» o «se presentó en persona». Kenneth E. Bailey, un comentarista bíblico evangélico que vivió en el Medio Oriente e hizo cuidadosos estudios del lenguaje y la cultura del lugar, escribió:

> Es asombrosa la renuencia en la parte de las versiones arábicas de no dejar correr al padre. . . . Por mil años se empleó un amplio abanico de tales frases (casi como si hubiera una conspiración) para evitar la humillante verdad del texto: ¡El padre corrió! La explicación para todo esto es sencilla. La tradición identifica al padre con Dios, y correr en público es demasiado humillante como para atribuirlo a alguien que simboliza a Dios. No fue sino hasta 1860, con la aparición de la Biblia Arábica Bustani–Van Dyck que el padre aparece corriendo. Las hojas de trabajo de los traductores están disponibles para mí, y aun la primera interpretación del griego en esa gran versión fue: «Él se apresuró», y solo en la segunda ronda del proceso de traducción aparece *rakada* (él corrió). En el hebreo de Proverbios 19.2 se lee: «Aquel que se apresura con los pies, peca». El padre representa a Dios. ¿Cómo podría correr? ¡Pero corre![1]

Aunque era el hijo pródigo el que debía estar humillándose, es el padre el que lo hace.

Aunque en la actualidad la mayoría de nosotros vemos este momento en que el padre corre para abrazar a su hijo como el instante más conmovedor y sensible en la parábola, no hay duda que los fariseos no lo vieron de ese modo. Ni el oyente más sencillo en la audiencia de Jesús tomaría este momento con calma y admiraría la compasión del padre. Esto era una vergüenza. Era escandaloso. Para ellos era aun más ofensivo que los pecados del pródigo.

Pero de todos modos, el padre se expuso a que los vecinos cuchichearan entre ellos: «¿Qué cree que está haciendo ese padre? Este muchacho se aprovechó y pecó horriblemente contra él. Debería marginarlo. En vez de eso, ¡este hombre que fue deshonrado por su propio hijo se deshonra ahora aun más al abrazar al condenado muchacho!». En realidad, el padre se puso entre su hijo y todo el desprecio, las burlas y el abuso de las personas que en esa cultura se habrían amontonado naturalmente sobre la cabeza del muchacho.

Nuestra versión afirma que el padre «fue movido a misericordia» (Lucas 15.20), pero la expresión griega es aun más enfática. Usa una palabra que habla literalmente de un estremecimiento en los intestinos, o en la lengua popular moderna, de un sentimiento visceral. El padre fue poderosamente movido a misericordia, una emoción tan profunda y tan fuerte que le hizo revolver el estómago.

La misericordia del padre no era simplemente tristeza por el pecado pasado de su hijo. Tampoco era solo una simpatía momentánea provocada por el estado calamitoso del muchacho. (Recuerde que el pródigo estaba ahora andrajoso y que olía a puercos.) Con seguridad el sentimiento del padre hacia el hijo incluía una profunda sensación de piedad por todas las cosas terribles que el pecado ya había hecho en él. Pero parece obvio que había algo más que aumentaba su angustia.

Su decisión de correr hacia el hijo e interceptarlo en el camino insinúa que le pasaba por la mente algo terriblemente urgente e inmediato. De ahí que yo esté convencido que lo que impulsó al padre a correr fue una profunda sensación de empatía en anticipación del desprecio que las gentes con seguridad volcarían sobre el hijo mientras atravesaba el pueblo. El padre se echó a correr para ser la primera persona en alcanzarlo, y de este modo desviar un poco el maltrato que sabía que iba a sufrir su hijo.

Esta es en realidad una imagen precisa de Cristo, quien se humilló para buscar y salvar a los perdidos, y luego «sufrió la cruz, menospreciando el oprobio» (Hebreos 12.2). Igual que este padre, Jesús se echó voluntariamente encima todo el amargo menosprecio, el desdén, las burlas y la ira que merece todo nuestro pecado. Hasta echó nuestra culpa sobre sus hombros inocentes. Soportó todo por nuestro beneficio y en lugar de nosotros.

Si se supiera la verdad, el comportamiento de este padre, indecoroso como le pudo haber parecido a la audiencia de Jesús, no fue en realidad nada muy sorprendente comparado con la increíble gracia develada en la encarnación y la muerte de Cristo. En verdad, esa fue una de las principales lecciones con que Jesús estaba retando a los fariseos por medio de su historia.

UN ASOMBROSO DESPLIEGUE DE GRACIA

Cuando el padre llegó hasta donde venía el hijo humillado y fracasado, no pudo contener su afecto, y no dudó en perdonarlo. Esto fue aun más horrible para los fariseos que la descripción de un hombre maduro corriendo por una calle polvorienta para dar la bienvenida a un hijo despreciable.

Al instante, el padre lo abrazó. Jesús dijo que el padre «se echó sobre su cuello, y le besó» (Lucas 15.20). El tiempo verbal significa que lo besó reiteradamente. Cayó sobre el muchacho en un tremendo abrazo, metió la cabeza en el cuello de su hijo apestoso, sucio e impresentable como estaba, y lo recibió con una demostración de desenfrenada emoción.

Es evidente que el padre había estado sufriendo una pena profunda y silenciosa todo el tiempo que el hijo estuvo lejos. Su amor por el joven nunca había flaqueado. El anhelo de verlo volver a casa debió de haber sido una pena quemante en su corazón y algo que llenaba su mente en todo instante. Y ahora que veía la desaliñada figura de su hijo solo en el horizonte, le importó poco lo que la gente pensara de él;

estaba decidido a recibir en casa al muchacho de modo tan personal y público como fuera posible.

Además, perdonaría al chico de cualquier otro reproche de su pecado . . . convirtiéndose él mismo en reproche. En esencia, echó por completo sobre sí la desgracia del joven, despojándose de todo orgullo, renunciando a sus derechos de padre, sin preocuparse para nada de su propio honor (incluso en esa cultura, donde el honor parecía serlo todo). Y en una demostración asombrosa de amor desinteresado, despreciando abiertamente el oprobio (Hebreos 12.2), abrió sus brazos al pecador que volvía y lo abrazó fuertemente en un estrujón diseñado en parte para protegerlo de cualquier otra humillación. Para cuando el muchacho entró al pueblo ya estaba completamente reconciliado con su padre.

El pródigo había venido a casa preparado para besar los pies del padre. En vez de eso, el padre le besó la cabeza que apestaba a cerdos. Ese abrazo con besos repetidos fue un gesto que no solo significaba el delirante gozo del padre sino también su completa aceptación, amistad, amor, perdón, restauración y total reconciliación. Fue una forma deliberada y efusiva de señalar a toda la aldea que había perdonado por completo a su hijo, sin ningún reparo ni titubeo.

¡Qué hermoso cuadro es este del perdón que brinda el evangelio! El típico pecador quiere salir del pantano del pecado, y su primer instinto es concebir un plan. Se rebajará la culpa. Se reformará. Pero ese plan no tendrá éxito. La deuda es demasiado grande para pagarla, y el pecador es impotente para cambiar su posición. Está caído, y no puede alterar esa realidad. Por tanto, el Salvador lo intercepta. Cristo ya lo soportó, echando sobre sí la vergüenza sufrió los reproches, soportó las crueles burlas y pagó por completo el precio de la culpa. Él abraza al pecador, vuelca sobre él su amor, le concede perdón total, y lo reconcilia con Dios.

UN DISCURSO QUE NO ALCANZA A PRONUNCIARSE

Es importante observar que el padre ya había concedido perdón antes de que el hijo pronunciara una palabra. Después de que el padre lo abrazara, el pródigo empezó a hacer la confesión que había estado ensayando: «Padre, he pecado contra el cielo y contra ti, y ya no soy digno de ser llamado tu hijo» (Lucas 15.21), pero apenas logró decir eso, el padre rápidamente le cortó, dando órdenes a los siervos de empezar los preparativos para un banquete de celebración.

El pródigo ni siquiera llegó a la parte de su discurso ensayado en que pediría convertirse en uno de los jornaleros. Para cuando terminó su primera frase, el padre ya lo había rehabilitado como su amado hijo, y se estaba preparando la gran celebración.

Parece que el padre percibió lo profundo y real del arrepentimiento del joven, por el simple hecho de que había vuelto a casa. Conocía muy bien a su hijo para saber lo que significaba su regreso. Por la terrible condición del muchacho podía decir lo mucho que este había sufrido las crueles consecuencias de su pecado. Así que ni siquiera le permitió terminar de hacer su confesión antes de brindarle misericordia. Esta fue una acción de gracia que iba más allá, mucho más allá, de todo lo que el muchacho se habría atrevido a esperar.

La confesión inconclusa del pródigo podría parecer un detalle sutil en la parábola, pero para los fariseos no lo fue. No había manera de que no hubieran notado una realidad tan deslumbrante en la descripción que hiciera Jesús de la ansiedad del padre por perdonar. El muchacho no había hecho nada para expiar su pecado y, sin embargo, el perdón del padre fue de todos modos total y generoso, sin nada que ocultar.

En lo que respecta a los fariseos, este torrente de amor y perdón hacia un pecador flagrante y confeso era total y radicalmente poco ortodoxo. ¿No exige el sentido común que se expíen los pecados? ¿No dijo el mismo Dios que no justificará al impío (Éxodo 23.7), y que por nada del mundo permitirá que el culpable quede sin castigo (Éxodo 34.7)? ¿Cómo se podría quedar simplemente sin escarmiento un rebelde tan conocido como el hijo pródigo? ¿Qué le pasó a la justicia? ¿Y los principios de justicia divina? ¿No estaba lleno hasta rebosarse todo el sistema del Antiguo Testamento con sacerdotes, sacrificios y otros símbolos de expiación, precisamente para resaltar esta verdad fundamental?

Pero nuestro Dios entra en acción para perdonar: Corre hacia el pródigo, es decir, hacia nosotros.

CAPÍTULO 6

DIOS PROVEE LA MANERA PARA PERDONAR

LA NECESIDAD DE EXPIACIÓN

Es muy cierto que el pecado debe ser expiado. No se imagine por un instante que cuando Dios perdona simplemente mira en otra dirección y finge como que nunca ocurrió el pecado. La Ley de Moisés estaba llena de sacrificios con sangre precisamente para hacer ineludible esa verdad.

Este punto es crucial y a la larga básico para entender la parábola del hijo pródigo. Recuerde que el punto principal que Jesús resaltaba en esta parábola era para bien de los fariseos. Estaba enfocando la incorrecta idea que ellos tenían de Dios, de que él se complacía más en la santurronería de ellos que en el perdón de pecados. Su teología era tan escasa de cualquier sentido de gracia verdadera, que sencillamente no podían concebir cómo los pecadores perdonados podrían pararse ante Dios a no ser por una vida de esfuerzo religioso. La mala interpretación de los fariseos de lo que se requería para tener total expiación del pecado yace en el origen de su equivocada teología.

No olvide que los fariseos habían recubierto la verdad del Antiguo Testamento con su propio sistema complicado de tradiciones humanas, reglas hechas por hombres y ceremonias inútiles. Estaban convencidos que los pecadores debían hacer buenas obras como esas para ayudar a expiar sus pecados. Habían llegado a divinizar su propio sistema de tradiciones delicadamente detallado como el medio principal por el cual creían posible adquirir la clase de mérito que ellos se imaginaban que equilibraría la culpa del pecado. Por eso estaban obsesionados con obras ostentosas, rituales religiosos, trucos espirituales, demostraciones ceremoniales de justicia, y otras iniciativas externas y superficiales. Y se aferraban de forma obstinada a ese sistema, aunque la mayoría de sus rituales no eran más que sus propias invenciones, diseñadas para disimular el pecado y hacerlos parecer justos.

Aquí radicaba el problema con eso: ni siquiera las obras auténticamente buenas pueden lograr lo que los fariseos esperaban que lograran sus tradiciones ceremoniales. Eso lo clarificaba a la perfección la mismísima Ley. La Ley exigía nada menos que la perfección absoluta (Mateo 5.19, 48; Santiago 2.10). Y estaba llena, de principio a fin, con amenazas y maldiciones contra todo aquel que la violara en algún punto. Necesitamos expiación porque somos pecadores caídos que no podemos guardar adecuadamente la Ley. ¿Por qué pensaría alguien en obtener alguna vez suficiente mérito para expiar el pecado a través de una obediencia imperfecta a la Ley? Ese era el defecto fatal en el sistema de los fariseos.

Es más, la Ley misma hacía perfectamente claro que el precio de la expiación total era más costoso de lo que cualquier humano alguna vez podría pagar: «El alma que pecare, esa morirá» (Ezequiel 18.4).

Observe que Jesús no mencionó nada en la parábola del hijo pródigo acerca de la verdadera forma de expiación. Después de todo, eso no era lo importante de la historia. Sin embargo, sí confrontó directamente el centro del error de los fariseos, el cual era su insistencia en que todos los pecadores debían realizar ciertas obras para expiar sus pecados y, por ende, ganarse el perdón y el favor de Dios.

LA ÚNICA MANERA DE SER JUSTIFICADO ANTE DIOS

La parábola del hijo pródigo desacredita esa falsa idea. En lugar de eso, ilustra la simple verdad de cómo y por qué el arrepentimiento por fe es la única forma por la cual todo pecador puede hallar justificación ante Dios. El perdón no es un premio por méritos que ganamos con buenas obras. No obstante, no crea que la justicia práctica se elimina por completo, ya que las buenas obras son el fruto indefectible de la fe. Los pecadores que se arrepienten y se vuelven a Dios están total e instantáneamente justificados, y perdonados desde el primer momento del inicio de la fe, antes de que se haga una sola obra buena.

Esa fue la lección principal del ejemplo de Abraham, quien «*creyó a Jehová*, y le fue contado por justicia» (Génesis 15.6; énfasis añadido). Su fe fue el único medio por el cual se aferró a las promesas de Dios. En Romanos 4, Pablo hace un razonamiento en que demuestra que David fue igualmente justificado solo por la fe, y no por la realización de ninguna buena obra, rituales religiosos, ni obras meritorias diseñadas para anular la deuda del pecado.

De igual modo, el hijo pródigo es un buen ejemplo de alguien que es justificado por gracia mediante la fe sin obras meritorias. Su perdón fue una realidad totalmente decidida, y su posición como hijo privilegiado fue establecida sin ninguna duda aun antes de que tuviera una oportunidad de terminar de expresar su arrepentimiento.

¿Y la vida de trabajo como jornalero que el pródigo estaba preparado para ofrecer a su padre? Fue totalmente innecesaria como forma de ganarse el favor del padre. El padre ya había concedido su bendición total y su perdón incondicional solo por gracia.

Pero este joven arrepentido sería, sin embargo, cambiado de forma permanente debido a la gracia que le mostró su padre. ¿Por qué habría de volver a una vida de indulgencia y derroche personal? Ya había seguido al pecado hasta su fin inevitable, y conocía muy bien todas las consecuencias. Fue gravemente escarmentado por el amargor de esa experiencia. Se había alimentado de los horribles desechos de las consecuencias del pecado.

Pero ahora se le habían caído las vendas de los ojos. El pródigo veía a su padre con una nueva luz, y lo amaba con un aprecio renovado. De ahora en adelante, tenía todas las razones para serle fiel. Ahora serviría a su padre con alegría, no como un jornalero sino con la posición plena de un hijo amado.

EL CAMINO ESTRECHO Y UNA INVITACIÓN FALSA

Sé que esto va a confundir a algunos, porque siempre oigo que alcanzar la salvación es fácil. «¡Simplemente llene esta tarjeta!». «¡Tan solo alce la mano!». «¡Nada más pase al frente mientras el coro entona una estrofa más!». «Solo repita esta oración». «Pídale a Jesús que entre en su corazón». Suena tan sencillo. El único problema es que ninguna de esas acciones tiene nada que ver con la salvación verdadera ni con pasar por la puerta estrecha. Esta clase de invitacionalismo implica que Jesús es un Salvador lastimero y pobre que espera a que demos el primer paso que le permita hacer su obra; que la salvación depende de la decisión humana, como si el poder que nos salva fuera el poder del «libre albedrío» humano.

Este énfasis es un fenómeno peculiarmente estadounidense que empezó en el siglo diecinueve con un abogado neoyorquino que se hizo predicador llamado Charles Finney. Fue el más formidable anticalvinista estadounidense, e insistía en que la gente se salvaba por un acto de pura fuerza de voluntad. Por consiguiente, cualquier cosa que fuera necesaria para manipular sus voluntades es un método esencial, porque cualquier cosa que llevara a convencerlos de que eran salvos era legítima. El fin justificaba los medios. Y así, la manipulación del «llamado al altar» se convirtió en foco principal de su evangelización. Hasta ese tiempo los evangelistas estadounidenses eran, en su mayoría, calvinistas, es decir, creían que los pecadores se salvaban al oír el mensaje del evangelio mientras Dios el Espíritu Santo los despertaba de su mortal estado de pecado.

Pero Finney tomó un sendero diferente. Hacía llamados emocionales y enseñaba que la salvación no exigía una regeneración soberana obrada por Dios, sino solamente el acto de la voluntad humana. La gente pasaba a ríos al frente bajo el ímpetu de su pericia. La vasta mayoría no eran conversiones reales. Es más, Finney más tarde admitió que su ministerio había producido en su mayor parte «convertidos» a medias y temporales. No obstante, el espectáculo de las muchedumbres pasando al frente era muy convincente.

Dwight L. Moody aprendió la táctica de Finney, y la pasó a una generación de evangelistas de estadios y dirigentes de ministerio que a veces preparan eventos públicos enormes y manipulan a la gente a pasar al frente. La mayor parte de esa actividad no rinde ningún fruto. Sin duda, creo que a pesar de la manipulación y no gracias a ella, algunos que repiten la oración, llenan una tarjeta o pasan al frente en verdad son personas quebrantadas de corazón que se percatan de su pecado y están listas para seguir a Jesús como Señor tomando sus cruces con total negación de sí mismos. Son personas que son recibidas en la puerta estrecha por el poder de Dios mediante la verdad, y que se hallan en el camino al cielo. El resto no, pero pueden salir engañados.

Según Jesús es muy, muy difícil ser salvo. Al final de Mateo 7.14 dijo que la puerta estrecha «pocos son los que la hallan». No pienso que alguien alguna vez resbaló y cayó sin quererlo en el Reino de Dios. Eso es gracia barata, creencia fácil, cristianismo ligero, método de evangelización superficial y emotiva: «¡Creo en Jesús!». «¡Excelente, usted es parte de la familia, pase!». No. Los pocos que hallan la puerta estrecha tienen que buscar mucho para hallarla, y luego pasar por ella uno a uno. Es difícil hallar una iglesia o predicador o creyente que pueda dirigirlo a ella.

El Reino es para los que agonizan por entrar en él, cuyos corazones están destrozados por el pecado, que lloran en mansedumbre, que tienen hambre y sed de justicia y anhelan que Dios cambie sus vidas. Es duro porque uno tiene en su contra a todo el infierno. Una de las mentiras persistentes de Satanás en el mundo actual es que es fácil convertirse en creyente. No es nada fácil. Es una puerta muy estrecha la que usted tiene que hallar y pasar por ella solo, angustiado por sus pecados y anhelando perdón.

Alguien tal vez diga que esto suena a religión de logro humano. No es así. Cuando uno llega al quebrantamiento, al reconocimiento de que por sí mismo no puede pasar por la puerta estrecha, Cristo derrama en usted gracia sobre gracia que le fortalece para que entre. En su quebrantamiento, el poder de Cristo se vuelve su fuente. Nuestra parte es reconocer nuestro pecado e impotencia y suplicar misericordia y poder de lo alto.

NADA DE EQUIPAJE

No se puede pasar por un torniquete con equipaje. Para pasar por la puerta estrecha que lleva al cielo, hay que dejar todas las posesiones atrás y pasar con las manos vacías. No es la puerta del que se cree mucho, del que quiere llevar consigo todo lo que tiene. Es la puerta del que se niega a sí mismo, del que se despoja de toda justicia propia y autosuficiencia. Rechazando todo lo que haya sido, deja atrás su vida anterior. Si no, no puede pasar por la puerta. Ni tampoco lo puede nadie.

El joven rico llegó a la puerta y le preguntó a Jesús qué tenía que hacer para entrar en el Reino. El Señor le dijo que dejara sus maletas de marca Gucci y que pasara. Había hallado la puerta que pocos hallan, pero rehusó entrar porque era demasiado egoísta y egocéntrico para hacer el sacrificio que Jesús le pidió.

El punto aquí queda maravillosamente expresado en Mateo 18.3, donde Jesús dice: «De cierto os digo, que si no os volvéis y os hacéis como niños, no entraréis en el reino de los cielos». La característica distintiva de los niños es que dependen por completo de otros y que no han logrado nada por mérito propio. Como dice el compositor: «Nada en mi mano traigo, a tu cruz me aferro». La fe que salva es más que una acción de la mente; es un desdén del yo pecador, una confesión de indignidad, una súplica desnuda: «Señor, ten misericordia de mí, pecador».

No hay nada de malo en levantar la mano o repetir una oración, pero esas cosas no dan salvación verdadera aparte de la auténtica fe en Cristo. Jesús pidió una confesión dramática, estrecha, difícil, radical de nuestro pecado, un reconocimiento de que no somos nada y no tenemos nada con qué recomendarnos delante de Dios. La fe empieza cuando nos entregamos a su misericordia pidiendo perdón.

ARREPENTIMIENTO Y RENDICIÓN

Para pasar por la puerta estrecha uno tiene que venir con corazón arrepentido de su pecado, listo para dejar de amar el pecado y empezar a amar al Señor. Cuando

Juan el Bautista preparaba al pueblo para recibir al Mesías, la gente iba para ser bautizada porque querían que sus pecados fueran perdonados. Para cualquier judío, la preparación para la llegada del Mesías y la preparación para su Reino querían decir purgar el corazón de todo pecado.

Uno también debe entrar por la puerta estrecha en total rendición a Cristo. Nadie puede ser regenerado, como Cristo lo indica en Mateo 7, sencillamente añadiendo a Jesucristo a sus actividades carnales. La salvación no es por suma, es una transformación que lleva a una sumisión voluntaria a la Palabra de Dios. El mensaje entero de 1 Juan es que si usted está verdaderamente redimido, ello se manifestará en una vida transformada en la que usted confiesa su pecado, obedece sin condiciones al Señor y manifiesta su amor por el Señor y por otros. El milagro divino de una vida cambiada revela la salvación verdadera, lo que resulta en un corazón que desea obedecer al Señor. Como Jesús dijo: «Si vosotros permaneciereis en mi palabra, seréis verdaderamente mis discípulos» (Juan 8.31).

Si alguien que se llama cristiano no piensa y actúa como cristiano genuino, no está en el camino que piensa que está. Probablemente se ha unido a la poderosa bandada que pasa a mares por la puerta ancha de la religión falsa. No exhibe nada de este asunto de la negación de uno mismo: «Señores, traigan todo su equipaje, su ambición personal, su voluntad, sus deseos egoístas, su inmoralidad, su falta de arrepentimiento, su renuencia a someterse por completo al liderazgo de Cristo. Simplemente pasen por la puerta de la indulgencia propia». Muchos aducen ser cristianos y, sin embargo, son totalmente indulgentes con ellos mismos. Jamás pasarán por la puerta estrecha con todo ese equipaje. Aunque tal vez no lo sepan, se hallan en el camino amplio a la destrucción.

EN LA ENCRUCIJADA

Una vez que se pasa por la puerta ancha, todos los amigos están allí y la vida es fácil: no hay reglas ni moralidad rígida sino abundancia de tolerancia y diversidad siempre y cuando uno diga que ama a Jesús. Todos los deseos de su corazón caído se satisfacen en ese camino. No hay necesidad de humildad ni de estudiar la Palabra de Dios. No se exige nada de esfuerzo; como el pez muerto que flota corriente abajo, la corriente lo hace todo. Es lo que Efesios 2.2 describe como «la corriente de este mundo». Es el camino ancho en el que «la senda de los malos perecerá» (Salmo 1.6).

Contraste esto con la senda angosta. La mejor traducción del término en Mateo 7.13–14 sería una senda «restringida» o «ajustada». Literalmente significa comprimida, o confinada, como un desfiladero sobre un precipicio. Por eso Pablo dijo en Efesios que debemos andar con diligencia, con los ojos abiertos, y no andar deambulando de un lado a otro. Es una senda muy restringida, bordeada en ambos lados por la mano castigadora de Dios. Usted se sale a un lado y ¡zas!: se lastima los nudillos espirituales. Lo mismo al otro lado. Los requisitos son firmes, estrictos, refinados y bien delineados, y no hay lugar para la menor desviación ni para apartarse de ellos. Debe ser el deseo de nuestro corazón cumplirlos, sabiendo muy bien que cuando fallamos Dios nos castiga, y luego maravillosa y amorosamente nos perdona y vuelve a colocarnos sobre nuestros pies para que sigamos procurando cumplir su voluntad.

La alternativa está, entonces, entre estos dos destinos: la senda ancha que lleva a la destrucción, y la senda angosta que es el único camino al cielo. Todas las formas de religión de logro humano, desde la filosofía humanista y el ateísmo (la suprema religión de logro humano, en la que el hombre mismo es Dios) hasta el seudo cristianismo, van a parar en el mismo infierno. Como dijo John Bunyan, «para algunos la entrada al infierno está en los mismos portales del cielo». Qué sorpresa va a ser eso para algunos. Por otro lado, la senda angosta va a abrirse a bendición eterna. La senda ancha se estrecha hacia un terrible abismo, mientras que la senda angosta se abre a las glorias sin fin del cielo, a la plenitud de una comunión indescriptible, eterna e imperturbable de gozo con Dios que ni siquiera podemos imaginar.

En Mateo 10.32–33 Jesús dijo: «A cualquiera, pues, que me confiese delante de los hombres, yo también le confesaré delante de mi Padre que está en los cielos. Y a cualquiera que me niegue delante de los hombres, yo también le negaré delante de mi Padre que está en los cielos». ¿Está usted dispuesto a confesar al Cristo del Nuevo Testamento, quien es el Cristo verdadero, y el evangelio que Él proclamó, que es el evangelio verdadero? ¿No se avergüenza y los confiesa abierta y públicamente? ¿Se avergüenza de Él y de sus palabras, y en consecuencia niega que sea lo que afirma ser y que su evangelio es el mensaje verdadero? Si lo niega, o si se avergüenza de Él, si para usted la predicación de la cruz es locura, usted está entre los que perecen.

No es suficiente admirarlo. Decir que usted aprecia a Cristo y que sirve a Cristo no es suficiente. Muchos de los que están en el camino ancho son los que han admirado a Jesús, pero que nunca pasaron por la puerta estrecha. No llegaron con corazones quebrantados y contritos. No llegaron aplastados por el peso de la ley de Dios, con una actitud de arrepentimiento, reconociendo que su condición verdadera es desesperada y merece castigo, y clamando por salvación de la única fuente: el Señor Jesucristo.

CAPÍTULO 7

DIOS QUIERE QUE NOSOTROS TAMBIÉN PERDONEMOS

JESÚS VINO A PERDONAR PECADORES

Conocemos a Mateo como el escritor del Evangelio que lleva su nombre. Pero él era un discípulo con muy pocas posibilidades de serlo. De hecho, todo lo relacionado con Mateo tiene que haber sido algo aborrecible para los israelitas fieles. Los publicanos eran lo más bajo y despreciable de todos los marginados sociales. Se les consideraba como los más despreciables de los pecadores, y a menudo llegaron a vivir a la altura de esa reputación en todos los sentidos imaginables. Los fariseos y la gente común por igual les miraban con el mayor de los desprecios.

UNA CAMINATA CORTA

No solo los tres Evangelios sinópticos mencionan el llamado de Mateo inmediatamente después de la sanidad del paralítico (Lucas 5) sino que tanto Mateo como Lucas señalan que lo que sigue sucedió inmediatamente, ese mismo día: «Pasando Jesús de allí, vio a un hombre llamado Mateo, que estaba sentado al banco de los tributos públicos» (Mateo 9.9). «Después de estas cosas salió, y vio a un publicano llamado Leví, sentado al banco de los tributos públicos» (Lucas 5.27). Al parecer, en cuanto el paralítico tomó su lecho y se fue, Jesús salió de la casa donde había tenido lugar la sanidad y comenzó a caminar hacia el borde del lago. En una aldea tan pequeña como Capernaum, situada justamente al borde del agua, esa distancia no podía ser mayor que unas cuantas cuadras.

Marcos indica que el plan de Jesús era continuar enseñando a las multitudes, y el puerto, obviamente, permitía tener un lugar mejor y más adecuado que una casa para eso. «Después volvió a salir al mar» (Marcos 2.13), y en algún lugar en el camino, «vio a Leví hijo de Alfeo, sentado al banco de los tributos públicos» (v. 14).

El banco de los tributos estaba obviamente bien situado para que Mateo pudiera acumular los máximos ingresos. Mercaderes que trataban de ahorrarse tiempo y evitar el peligroso sistema galileo de carreteras regularmente mandaban su mercancía por la vía marítima, cruzando el mar de Galilea. Capernaum era uno de los mejores lugares en la costa norte para conectar con la Vía Maris: un importante pasaje entre Damasco y el Mediterráneo. Mateo estaba perfectamente situado en ese cruce inusual a fin de poder interceptar y cobrar impuestos al tráfico en todas las direcciones, ya fuese por agua o por tierra.

También podía vigilar el lucrativo mercado de la pesca en Capernaum y gravar con tarifas regulares a los pescadores.

Eso significa que Mateo era quizá la última persona en todo Capernaum para convertirse en uno de los doce seguidores más cercanos de Jesús. Los otros discípulos, la mayoría pescadores de Capernaum, sin duda le conocían bien, y debieron de haber despreciado el modo en que él se enriquecía a costa del sustento de ellos.

«¡SÍGUEME!».

Pero ese día, cuando Jesús pasaba por el banco de los impuestos, miró a Mateo a los ojos y le dijo solo una palabra: «¡Sígueme!». Los tres relatos de este incidente registran justamente eso; nada más. Mateo era, obviamente, un hombre que ya estaba bajo convicción; había llevado el peso del pecado y la culpabilidad durante el tiempo suficiente, por eso que al oír esa sencilla invitación-mandato de Jesús, «dejándolo todo, se levantó y le siguió» (Lucas 5.28).

Para un hombre de la posición de Mateo, dejarlo todo tan rápidamente tiene que haber sido un cambio tremendamente dramático, comparable a la repentina capacidad del paralítico de caminar y llevar su propio lecho. El cambio de corazón de Mateo fue un renacimiento espiritual, pero no menos milagroso que la instantánea sanidad física del paralítico. En cuanto a la carrera de Mateo, ese fue un cambio de curso total e irreversible. Uno no puede abandonar una comisión de impuestos romana y después pensarlo mejor y pedir regresar a ese puesto dos días después. Pero Mateo no dudó; su repentino arrepentimiento es una de las conversiones más dramáticas descritas en las Escrituras.

En una aldea del tamaño de Capernaum (menos de ciento ochenta metros desde el extremo del agua hasta el perímetro norte de la aldea), es prácticamente seguro que el banco de Mateo estaba muy cerca de la casa donde Jesús sanó al paralítico. Dada la conmoción de la multitud, sería imposible que los acontecimientos de aquel día hubiesen pasado desapercibidos para Mateo. Tiene que haber aguzado el oído cuando Jesús declaró perdonados los pecados del paralítico. Él era, después de todo, un publicano y marginado social.

Podemos discernir por su inmediata respuesta a Jesús que estaba totalmente harto de la vida de pecado; probablemente estuviera sintiendo la sequedad espiritual que conlleva la riqueza material ilícita. Y está claro que estaba sintiendo el peso de su propia culpabilidad bajo la convicción del Espíritu Santo. Jesús acababa de otorgar a un desesperado cuadripléjico precisamente lo que el alma de Mateo anhelaba: perdón, limpieza, y una declaración de justificación. Al venir de alguien como Jesús, quien obviamente tenía la autoridad de respaldar sus decretos, eso definitivamente habría captado la atención de Mateo. Claramente, antes de que Jesús pasase a su lado y le hablase, Mateo estaba siendo atraído a la fe debido a lo que había visto aquel día.

La perspectiva de Mateo era totalmente opuesta a la de los fariseos. Él anhelaba ser libre de su pecado; ellos ni siquiera admitían que eran pecadores. No es sorprendente que la respuesta de Mateo a Jesús fuese tan inmediata.

¿POR QUÉ JESÚS SE RELACIONA CON PUBLICANOS Y PECADORES?

Mateo decidió hacer una recepción de celebración para Jesús aquel mismo día. Como todos los nuevos convertidos, él quería desesperadamente y sin dilación alguna presentar a Jesús a todos los amigos posibles. Por tanto, abrió su casa e invitó a Jesús como invitado de honor. Lucas dice que «había mucha compañía de publicanos y de otros que estaban a la mesa con ellos» (5.29). Los «otros» serían, desde luego, el tipo de personas de los bajos fondos que estaban dispuestos a socializar con un grupo de publicanos. En otras palabras, esa reunión no habría incluido a ninguno de los concurrentes habituales a la sinagoga local.

Que un rabino estuviera dispuesto a fraternizar en una fiesta con tales personas era totalmente repugnante para los fariseos. Estaba diametralmente opuesto a todas sus doctrinas sobre separación e impureza ceremonial. Ahí estaba otro de los asuntos preferidos de los fariseos, y Jesús estaba violando abiertamente sus estándares, sabiendo bien que le observaban de cerca. Desde su perspectiva, debió de haber parecido como si Jesús estuviera deliberadamente alardeando de su desprecio por su sistema.

Porque lo hacía. Recordemos un hecho importante que subrayamos en el capítulo anterior: todo el roce que ha tenido lugar abiertamente hasta aquí entre Jesús y la élite religiosa de Israel ha sido completamente a instigación de Él. Según conocemos por la Escritura, ellos aún no habían expresado ni una sola crítica no provocada ni acusación pública contra Él.

Aun ahora, los fariseos no fueron lo bastante valientes como para quejarse a Jesús directamente. Buscaron a sus discípulos y murmuraron sus protestas a ellos. Una vez más, los tres Evangelios sinópticos subrayan que los fariseos llevaron su queja a los discípulos. Fue un cobarde intento de golpear de repente a Jesús provocando en cambio un debate con sus seguidores. Me gusta el modo en que lo dice Lucas: «Y los escribas y los fariseos murmuraban contra los discípulos» (Lucas 5.30).

Pero Jesús los oyó (Mateo 9.12; Marcos 2.17) y respondió a los fariseos directamente, con una sola afirmación que se convirtió en su lema definitivo para su relación con el farisaico Sanedrín y su clase: «Los sanos no tienen necesidad de médico, sino los enfermos. No he venido a llamar a justos, sino a pecadores» (Marcos 2.17). Para los pecadores y recaudadores de impuestos que buscaban alivio de la carga de su pecado, Jesús no tenía otra cosa sino buenas noticias. Para los farisaicos expertos religiosos, no tenía nada que decir.

¿Duro? Según los estándares posmodernos, eso era algo muy estridente. Y (como muchas personas hoy día en seguida señalarían) no había prácticamente posibilidad alguna de que un comentario como ese ayudase a influenciar a los fariseos hacia el punto de vista de Jesús. Era más probable que aumentase la hostilidad de ellos contra Él.

Y aun así, era lo correcto que Él tenía que decir en ese momento. Era la verdad que ellos necesitaban oír. El hecho de que no estuvieran «abiertos» a ello no alteró el compromiso de Jesús de hablar la verdad, sin atenuarla, sin dirigirla para que encajase en los gustos y preferencias de su audiencia, sin dejar a un lado los hechos del evangelio para hablar en cambio a las «necesidades sentidas» de ellos.

Era evidente que los fariseos no tenían respuesta alguna para Jesús. Ninguno de los Evangelios registra algo más que dijeran. Aquí, de nuevo, guardan silencio y pasan al segundo plano de la narrativa.

Su estrategia parecía ser que cuando se veían avergonzados era la de retroceder, reagruparse, volver a pensar su estrategia y buscar una manera diferente de acusarlo. Cada vez, regresaban más decididos y con un poco más de valentía.

Sus intentos de desacreditar a Jesús no habían acabado. De hecho, solo habían comenzado.

Jesús fue claro sobre su misión: Él vino por los pecadores, por nosotros. Y Él quiere que nosotros alcancemos a los marginados del mundo, compartiendo la buena nueva de que sus pecados también pueden ser perdonados.

LA PROFUNDIDAD DEL AMOR

Damos a conocer las buenas nuevas y también vivimos de acuerdo con ellas, amándonos unos a otros y perdonándonos unos a otros. Como Pedro nos recuerda: «Y ante todo, tened entre vosotros ferviente amor; porque el amor cubrirá multitud de pecados» (1 Pedro 4.8).

Los cristianos debemos amar hasta más no poder, lo cual incluye el cubrir «multitud de pecados». Se debe afrontar el pecado pero también se debe perdonar. Eso es lo que implica «cubrir». Debemos poner una manta sobre el pecado pasado ya resuelto.

Examínese. ¿Le guarda rencor a alguien en su casa? Si lo hace, recuerde que Jesucristo ya pagó el castigo de cualquier cosa que esa persona hiciera. Su incapacidad para perdonar contradice su amor. Y si la falta de perdón es característica de su vida, tal vez usted no sea un cristiano en el sentido bíblico del concepto.

Inevitablemente, los que tienen un gran sentido del perdón están dispuestos a perdonar a los demás. Las personas que saben que se les ha perdonado mucho pueden perdonar mucho. Espero que eso le suceda a usted.

En Efesios 4.32 leemos: «Antes sed benignos unos con otros, misericordiosos, perdonándoos unos a otros, como Dios también os perdonó a vosotros en Cristo». Dios fue bondadoso y compasivo con usted, perdonándolo aun cuando no lo merecía. Si basa su actitud hacia los demás en lo que se merecen, usted no ha comprendido. No les grite a los demás, ni los desacredite ni se enoje con ellos, aun cuando lo merezcan. Quienes ejemplifican el carácter de Dios son amorosos, bondadosos, considerados y clementes. Esa es la actitud que Dios espera de los que son sus nuevas criaturas en Cristo.

RELACIONES PACIFICADORAS

Romanos 12.18 nos insta: «Estad en paz con todos los hombres».

Por definición, una relación pacificadora no puede ser unilateral. Usted debe hacer su parte para asegurarse de que desde su lado, la relación es correcta. Su deseo interior, con la ayuda de Dios, debe ser estar en paz con todo el mundo, aun con las personas más pecadoras y difíciles de llevarse bien.

Sin comprometer la Palabra de Dios, usted debe extenderse hasta edificar puentes de paz hacia quienes le persiguen y le odian. Si pone a un lado todo rencor o cualquiera amargura y con sinceridad de corazón perdona a sus enemigos, podrá buscar sinceramente la reconciliación con ellos.

VIVIR EL MENSAJE

Pablo dijo claramente cómo deberíamos vivir: «Todo lo que hacéis, sea de palabra o de hecho, hacedlo todo en el nombre del Señor Jesús, dando gracias a Dios Padre por medio de él» (Colosenses 3.17).

Los incrédulos prestarían más atención a nuestro mensaje del evangelio si les diéramos algo especial para observar. Podríamos comenzar por no mentir y por decir siempre la verdad. ¿Qué sucedería si nunca nos enojáramos hasta pecar, sino que siempre actuáramos con amor; que nunca robáramos, sino que siempre compartiéramos lo nuestro; y que nunca dijéramos vulgaridades, sino que siempre pronunciáramos palabras edificantes? ¿Puede imaginarse cómo reaccionarían los perdidos si nunca nos amargáramos, ni nos enojáramos, ni mostráramos resentimiento, ni fuéramos violentos, ni calumniadores, sino que siempre nos caracterizara la bondad, la compasión y el perdón?

Quizá entonces prestarían más atención. Examine su conducta. ¿Dice usted la verdad? ¿Controla su enojo de tal modo que solo actúa con justicia? ¿Comparte con otros lo que tiene? ¿Habla con misericordia? ¿Es usted bondadoso, compasivo y clemente? Si es un nuevo hombre o una nueva mujer en Cristo, usted vivirá de esta manera.

El mejor metro para medir el amor en la vida de un cristiano puede ser el perdón. Es porque Dios nos demostró su amor desde el punto de vista del perdón. La Biblia pudo habernos enseñado que de tal manera amó Dios al mundo que hizo árboles, o montañas, o flores bonitas. Pero ella enseña: «Porque de tal manera amó Dios al mundo, que ha dado a su Hijo unigénito, para que todo aquel que en él cree, no se pierda, mas tenga vida eterna» (Juan 3.16).

Dios dio a su Hijo para perdonarnos. Eso demuestra sin dudas el amor de Dios más que las flores, los árboles o las montañas. Mida su amor. Pregúntese: *¿Amo?* Si no ama, usted no es de Dios porque los hijos de Dios aman a los demás (1 Juan 4.7–8). ¿Cómo puede saber si usted se caracteriza por el amor? Pregúntese: *¿Estoy enojado con alguien por algo que me hizo? ¿Me enojo a menudo con los demás, ya sea que exprese o no mi enojo? ¿Hablo de los demás lo que no debo hablar?* Esas son características de su antigua manera de vivir; características de las que debe librarse a fin de amar y perdonar a los *demás.*

115

PARA AQUELLOS A QUIENES LES CUESTA PERDONAR

Jesús es nuestro ejemplo, y Él «no amenazaba» a pesar de un increíble sufrimiento (1 Pedro 2.23). Lo escupieron, le tiraron de la barba, le pusieron en la cabeza una corona de espinas y atravesaron con clavos su carne para asegurar su cuerpo a una cruz. En cualquiera otra persona, semejante tratamiento injusto habría provocado sentimientos de venganza, pero no en Cristo. Él era el Hijo de Dios, Creador y Sustentador del universo, santo e inmaculado, con el poder de enviar a quienes lo atormentaban al fuego eterno.

Pero Jesús nunca amenazó a sus verdugos con juicio inminente, más bien los perdonó. «Padre, perdónalos, porque no saben lo que hacen» (Lucas 23.34).

Cristo murió por los pecadores, incluyendo a aquellos que le persiguieron. Él sabía que la gloria de la salvación podía alcanzarse solo por la senda del sufrimiento, de modo que aceptó su sufrimiento sin amargura, sin enojo y sin espíritu de venganza. Que pueda reaccionar usted de igual modo ante su propio sufrimiento.

DEJE A DIOS RESOLVER

El apóstol Pedro les dijo a los cristianos que no devolvieran «mal por mal, ni maldición por maldición, sino por el contrario, bendiciendo» (1 Pedro 3.9). Esa fue la actitud de Jesús. Él pudo hacerlo porque «encomendaba la causa al que juzga justamente» (2.23). La palabra traducida como «encomendaba» significa «entregar a alguien para que se ocupe de eso». En cada ocasión de sufrimiento, nuestro Señor entregó la circunstancia y se entregó a sí mismo a Dios. Era porque tenía confianza en el justo juicio de Dios y la gloria que sería suya. Esa confianza le permitió aceptar con serenidad tan grande sufrimiento.

Esa es la manera en que usted debe responder cuando se enfrenta a una persecución injusta en el trabajo, en su familia o en otras relaciones. Cuando se venga, usted se pierde la bendición y la recompensa que ha de traer el sufrimiento. La venganza muestra que le falta la confianza que debe tener en el poder de Dios para resolver las cosas a su debido tiempo, que incluirá castigar a los injustos y recompensar a quienes son fieles en el sufrimiento. Así es que entréguele eso a Dios y deje que Él se encargue.

RESUMEN DEL PERDÓN

Ninguna cantidad de lágrimas puede expiar el pecado. Ninguna cantidad de buenas obras puede reparar el daño por el mal que hemos hecho contra Dios. Ninguna cantidad de oración o devoción personal puede atenuar nuestra culpa o cubrirla de algún modo. Incluso el fuego eterno en el infierno no purificará el alma de pecado. En la esfera de lo humano no hay nada, ni en el tiempo ni en la eternidad, que nos pueda librar de la culpa de nuestro pecado. Los que buscan una solución humana simple al problema del pecado solo se sujetan con grilletes aun más firmes a su culpabilidad.

Además, cualquier pecado, por más pequeño que sea es tan vil que Dios, a pesar de su infinita misericordia, gracia y perdón, no lo podrá pasar por alto sin exigir su pleno castigo.

La única manera de encontrar verdadero perdón y libertad de nuestro pecado es mediante el humilde y contrito arrepentimiento. No podemos escapar de la culpa por decirnos a nosotros mismos que no somos realmente tan malos. Debemos enfrentar nuestra pecaminosidad.

La sangre de Cristo clama por perdón. La expiación de Cristo satisfizo plenamente las demandas de la justicia de Dios, así que el perdón y la misericordia están garantizados para los que reciben a Cristo con fe humilde y arrepentida. Aceptamos la responsabilidad por nuestro pecado, y también le creemos a Dios que con la muerte de Cristo el pecado es perdonado. Confesamos nuestro pecado a fin de que el Señor pueda limpiar nuestra conciencia y nos pueda dar gozo (1 Juan 1.9).

NOTAS

Capítulo 1: Necesitamos ser perdonados

1. "Compulsive Gambling May Be a Handicap, and a Shield from Firing", *Wall Street Journal* (21 junio 1988), p. 1.

2. Stanton Peele, *Diseasing of America* (Lexington, MA: Lexington, 1989), pp. 2–4 (énfasis en el original).

3. Bernie Zilbergeld, *The Shrinking of America* (Boston: Little, Brown, 1983), p. 89.

4. Ibíd., p. 167.

5. Charles J. Sykes, *A Nation of Victims: The Decay of the American Character* (Nueva York: St. Martin's, 1992), p. 13.

6. Wendy Kaminer, *I'm Dysfunctional, You're Dysfunctional* (Reading, MA: Addison-Wesley, 1992), p. 121 [*Yo soy disfuncional, tú eres disfunciona* (México: Deusto, 1995)].

7. Ibíd., p. 124.

8. Ibíd., pp. 124–125.

9. Ibíd., p. 20.

10. Ibíd., p. 18.

11. Garth Wood, *The Myth of Neurosis* (Nueva York: Harper & Row, 1986), p. 9.

Capítulo 5: Dios entra en acción para perdonar

1. Kenneth E. Bailey, *Finding the Lost Cultural Keys to Luke 15* (St. Louis: Concordia, 1992), pp. 110, 164.

ACERCA DEL AUTOR

Ampliamente conocido por su enfoque profundo y franco de la enseñanza de la Palabra de Dios, John MacArthur es un autor y conferenciante muy leído y escuchado. Desde el año 1969 ha servido como pastor-maestro de la Grace Community Church en Sun Valley, California. John y su esposa, Patricia, tienen cuatro hijos adultos y quince nietos.

El ministerio del púlpito de John se ha extendido por todo el mundo por los medios de comunicación Grace to You y sus oficinas en siete países. Además de producir programas diarios de radio en casi 2000 emisoras en inglés y español en todo el mundo, Grace to You distribuye libros, programas de computadoras, cintas de audio y discos compactos de John MacArthur. Grace to You es el ministerio que produce el programa de radio de difusión internacional *Gracia a Vosotros*.

John es presidente de The Master's College and Seminary y ha escrito centenares de libros y guías de estudio, bíblicas y prácticas. Entre sus éxitos de ventas se encuentran *El evangelio según Jesucristo*, *Verdad en guerra*, *El asesinato de Jesús*, *Doce hombres comunes y corrientes*, *Doce mujeres extraordinarias* y la *Biblia de estudio MacArthur*, la que recibió en 1998 el ECPA Gold Medallion.

Para más detalles acerca de John MacArthur y sus recursos para la enseñanza de la Biblia, comuníquese con Gracia a Vosotros al 1-866-5-GRACIA o www.gracia.org.

La serie «La verdad sobre»

La verdad sobre . . . La gracia
9781602558175

La verdad sobre . . . El señorío de Cristo
9781602558151

La verdad sobre . . . El perdón
9781602558182

Grupo Nelson
Desde 1798